红河学院优秀学术著作出版基金资助出版

杨永平 著

博士学位论文丛书

尼赫鲁建国思想研究

BOSHI XUEWEILUNWEN CONGSHU

云南出版集团公司
云南人民出版社

目 录

序

历史是人们的某种记忆。没有遗忘，就没有记忆。众多的人与事被遗忘了，才有仅存于人们记忆中的历史事件和历史人物。在人类历史上，20 世纪是一个风雷激荡的大冲突、大动荡的时代，它造就了诸多叱咤风云的英雄；它也是一个推陈出新的大创造、大建设的时代，涌现了诸多睿智的创新设计者与辛劳的建设实践者。回首那个时代，盘点那些曾在人类历史长河的风口浪尖中卷起阵阵浪涛的风云人物，尼赫鲁无疑是值得后世人们记住的一个。

人们应当记住他领导印度人民为反对英国殖民统治而做出的坚持不懈的奋斗，印度民族解放运动的胜利既开辟了印度历史的新篇章，也是在世界范围内结束殖民地体系的一个重要的里程碑。人们应当记住他作为不结盟运动的主要倡导者之一，在两强对峙的冷战格局中另立山头，既使新兴的民族国家有了一个巩固独立与谋求发展的空间，也在两大阵营间建立了一个中间缓冲地带。尼赫鲁既是印度的开国领袖，也是独立后印度的国家发展蓝图的设计者和现代化建设的指导者、实践者，他所提出的建国原则、规划，他在印度现代化建设中取得的成就，奠定了当今的印度改革与发展的基础，可以意料在未来相当长一段时间内仍将发挥重要的影响。

就与中国的关系而言，尼赫鲁可谓恩怨交织，毁誉参半。他既是一位朋友，毛泽东曾引用屈原的诗句“悲莫悲兮生别离，乐莫乐兮新相知”与他依依惜别；他也是一个对手，在毛泽东亲笔修改、赵朴初填写的元曲中，将他与其时的美国总统肯尼迪、苏共总书记尼基塔·赫鲁晓夫并称为“三尼”而施以热讽冷嘲。

“历尽劫波兄弟在，相逢一笑泯恩仇”，上个世纪 50 年代中印两国创建了“中印亲兄弟”友好关系，经历了半个多世纪的曲折与风波，两国又建立了全面合作的战略伙伴关系。与半个多世纪前中印两国“一穷二白”、百废待兴、筚路蓝缕的创业之初相比，当前中国龙已经腾飞，印度象也阔步向前，中印分别位居世界第二大和第四大经济体，它们的崛起正改变着世界的政治经济格局。因此，两国关系的走向不仅事关两国，而且牵动着世界。中印全面的稳定的友好合作关系必须建立在互信的基础上，而互信必须建立在全面深入的相互了解和理解的基础之上。对于中国而言，全面地、深入地、不带有先入之见地研究尼赫鲁是认识与了解我们的战略合作伙伴——印度的一个重要的必不可少的方面。

永平博士的这部著作，集中探讨尼赫鲁的建国思想。该书将尼赫鲁建国思想归纳为民主主义、社会主义、世俗主义和不结盟思想，清理其来源，阐述尼赫鲁的识见，重点探讨了尼赫鲁如何运用它们来确立和构建独立后印度的立国原则和国家体制，如何将它们付诸政治、经济、社会、军事建设及外交活动的实践之中的，评述其成败功过，提出了作者本人的观点及见解。

这是一部引玉之作，其本身亦瑜瑕互见。愿有更多的研究尼赫鲁、研究印度的著作问世，愿永平博士继续在此领域研究中多有建树。

吕昭义

2011年6月8日

绪 论

一、选题缘由及意义

尼赫鲁是印度独立后印度国家构建的设计者、印度现代化发展道路的指导者，而且在相当长的时期内指导了国家构建和政治、经济、文化建设的实践。因此，作为印度首任总理的尼赫鲁自然成为研究重心之一，且相关专著和文章也较多。尽管有关尼赫鲁的研究较多，然而迄今为止，尼赫鲁建国思想却没有得到系统的研究①。为此，笔者开始对奠定现代印度立国之基的尼赫鲁建国思想进行探索性研究。

尼赫鲁建国思想核心内容包括民主主义、社会主义、世俗主义和不结盟外交等，这些思想是尼赫鲁为主的领导人长期投身印度民族解放运动和独立后建设时期（至20 世纪 50 年代末期以后开始完善）的探索和总结。其三大主义和外交思想相互作用、相互影响，并通过具体领域，如政治、经济、军事和外交等体现出来。尼赫鲁等人领导了印度民族解放事业，独立之后又引导印度走上了议会民主制的中间道路（介于社会主义和资本主义之间）。在尼赫鲁执政 17 年里，印度在诸如政治民主化、经济现代化（特别是工业化）、社会世俗化和国家整合等方面，取得显著成绩，并为未来的进一步发展奠定了坚实基础。在尼赫鲁建国思想指导下，强调社会公平，经济独立自主，外交上实行不结盟，并通过前三个五年计划的努力，印度独立时畸形的工业体系得以矫正，具有了自我装备、自我发展的相当能力，基本上摆脱了殖民经济形式，走上了经济独立发展的道路。可以说，印度是发展中国家摆脱殖民统治后进行国家建设、实现独立自主发展的比较成功的范例。

独立 60 多年来，印度在制度建设和规范、民主体制运行、经济和科技建设等方面取得瞩目的成就。表现在以下几方面：第一，自独立以来，印度的议会民主制避免了在大多数第三世界国家曾出现过的军事政变、军人干政等现象，较平稳顺利地实现了政党间执政的轮替，虽有各种激进组织和恐怖分子的威胁，但都不能撼动已成为根

---

① 中文资料尚无该命题的专门撰述；英文资料中最接近这一命题的是 V. T. Patil, Narayana, A study of Nehru's ideas, Delhi, Devika Publications, 1998. A study of Nehru's ideas 将尼赫鲁思想分为四部分及 25 个专题论述构成。虽然这 25 个思想专题就其研究来说，比较透彻，但主要的四部分没有形成密切的内部必然联系，且四部分内的各专题之间相互关系亦未阐述。Rafiq Zakaria (ed), A study of Nehru, Calcutta, Rupa. Co, 1989. A study of Nehru 是一部论文集，共有十一部分，汇集了相当多的尼赫鲁研究专家学者的研究成果。至于 Ananda Gopal Mukherjee, Vinod Tagra (ed), Jawaharlal Nehru, the architect of modern India, New Delhi, Reliance Publishing House, 1989. Jawaharlal Nehru, the architect of modern India 则是一本关于印度前三个五年计划的内容，与本研究专题只是整体和局部的关系。详述见国内外研究现状部分。

基和支柱的印度立国准则；第二，尽管印度一直饱受人口增殖过快、民族矛盾复杂、宗教对立突出、贫富分化显著等因素困扰，仍然能稳步推进社会经济建设，并在当今加剧的世界发展竞争环境中脱颖而出（被誉为“金砖四国”之一）；第三，建立了比较完整的国民经济体系（甚至包括航空航天工业），教育科技成就显著（计算机、医药和生物技术以及印度工程师数量和质量等方面在世界享有盛誉），等等。上述成就的取得均与尼赫鲁建国思想及其继承和发展有着直接的因果关系。

如人们所见，现代印度的发展尽管还有很多问题，但伴随着它进一步的发展，已经有很多人在描述未来世界的图景：与中国一并崛起的印度将展现在世人眼前。自美国 2007 年下半年次贷危机引发的全球金融危机①的这一特殊时期以来，更凸显出中国和印度等国家的发展对于世界稳定和发展的非凡意义。尼赫鲁毕生追求的是印度世界地位的提升，他一直有印度“做一个有声有色的大国”② 的梦想，经过尼赫鲁等几代人的努力，而今其梦想实现的可能性则大大增强了。

因此对本课题的研究，主要有三方面的意义：其一，印度作为第三世界国家的发展模式典型之一，其发展演变均离不开尼赫鲁建国思想的指导，研究尼赫鲁的建国思想有利于认识印度的国情和国家发展的基本指导思想。其二，印度是世界上人口众多、幅员辽阔、文化多元且有数千年文明积淀的为数不多的大国，在近代又沦为英国殖民地，独立后在尼赫鲁的指导下进行现代化建设，尼赫鲁的建国思想及其实践为世界呈现了具有典型意义的发展模式，研究尼赫鲁的建国思想并总结其在印度的现代化建设实践中的利弊得失，可以丰富和加深对现代化理论的探讨。其三，加强对印度包括尼赫鲁建国思想在内的分析总结研究，有利于中印两种不同的发展模式之间相互借鉴。比如印度的发展速度曾经一度比较缓慢却强调社会公平问题，相比之下，中国的发展要快速得多，却同时也产生了一些问题（如环境代价等），等等。

二、国内外研究现状

（一）国内研究现状

国内开展有关尼赫鲁及相关内容的研究有三次高潮：第一次是 20 世纪 30—40 年代，当时国内一批知识界的精英对印度的反英民族解放斗争形势和前景产生了兴趣，翻译介绍了包括印度民族解放运动领导人如《甘地自传》③、《尼赫鲁自传》④ 等书籍。第二次则是印度独立前后特别是对印度独立后的关注，这一时期延续至中印 1962 年边境冲突之后不久，内容包括翻译介绍了《印度宪法》、《印度的发现》等大批有关印度和尼赫鲁的资料，今天所用的研究印度的一些基础性的资料，有相当大一部分就是这一阶段产生的。主要影响因素则是当时世界反殖反帝的形势和处于蜜月期

---

① 透过世界各国报刊连篇累牍报道、就业的严峻形势、各国政府和国际机构的慎重举措，可以看出 2007 年下半年发源于美国的金融危机的破坏性和严重程度。

② 尼赫鲁著，齐文译：《印度的发现》，世界知识社 1956 年版，第 57 页。

③ 明耀五译：《甘地自传》，大东书局 1932 年版。

④ 胡仲持等译：《尼赫鲁自传》，青年协会书局 1939 年版。

中印关系的促进作用。第三次是中印关系开始逐渐走出低谷的20世纪八十年代后期，中印关系的好转、双方要求加强联系等实际需要的推动，其所形成的研究热潮持续至今，且深度和广度得到扩展，包括经济、政治、文化、宗教、军事等传统领域，现已经延伸至反恐、经济安全、人口问题和疾控等非传统领域。中印间的交流和研究活动在本阶段相互促进，并使得确保中印关系持续稳定健康发展成为两国领导人的共识，两国关系的发展和研究工作也不再受暂时及局部的因素困扰，且呈现出良性互动的发展前景。除了在前两次研究领域的基础上拓展加深外，本次研究高潮体现出一些热点：如全球化、世界一体化、现代化和中印发展模式等新的内容以及中印发展比较等，开辟出许多全新的研究领域。自然，伴随尼赫鲁等人思想相关研究成果的增加，同时也在研究方法、资料和范围等方面得到了加强，例如，《尼赫鲁研究》、《尼赫鲁外交研究》等著作的出现，就昭示着研究成果的增长和研究条件的改善，并为后续研究提供了便利条件和研究路径，为继续研究积累了坚实的基础。

可以说，从第三次研究高潮掀起以来，新作品不断问世，成果迭出。关于尼赫鲁先后有如下作品问世：梁洁筠编著《印度的首任总理尼赫鲁》（商务印书馆1986年版），是一本60页的小册子，属于当时普及世界知识丛书中的一册。赵晓春《尼赫鲁家族》（社会科学文献出版社1996年版），张力《印度总理尼赫鲁》（四川人民出版社1997年版）等著作，是适应当时中国与世界交流发展的需要，所撰写、发行的世界人物介绍或传记。随着对尼赫鲁研究的积累和推进，尚劝余《尼赫鲁研究》（四川人民出版社1999年版）、张忠祥《尼赫鲁外交研究》（中国社会科学出版社2002年版）等著作先后出版，丰富了研究内涵。尚劝余《尼赫鲁研究》一书是在其硕士论文的基础上扩充撰写的，全书由五章：“尼赫鲁生平”研究，“尼赫鲁思想”研究；“尼赫鲁思想及其实践”研究，“尼赫鲁与中国”研究及余论组成。该书的出版预示着曾经相对滞后的有关尼赫鲁研究的状况发生了变化，一个新阶段已经到来。张忠祥《尼赫鲁外交研究》在外交领域方面把尼赫鲁研究向前推进了一步。其书中阐述了：尼赫鲁是印度现代历史上著名的领导人，也是20世纪中叶闻名于世的政治家，与第三世界其他领导人相比，其有一套系统的外交战略。他从印度的民族利益出发，把保证印度的安全和经济发展、追求大国地位作为印度外交的主要目标等。尚劝余《尼赫鲁时代中国和印度的关系（1947—1964）》（中国社会科学出版社2009年版），将尼赫鲁时期的中印关系研究，无论就资料来源和研究力度等方面，又向前推进了一步。

朱明忠《尼赫鲁》（台北东大图书公司1999年版），主要侧重于介绍作为哲学家、思想家的尼赫鲁，其中有涉及尼赫鲁建国思想的内容。左学金，潘光，王斯德主编《龙象共舞：对中国和印度两个复兴大国的比较研究》（上海社会科学出版社2007年版），赵干城《印度：大国地位与大国外交》（上海人民出版社2009年版），两著作中辟有专门的章节对尼赫鲁时期的相关问题进行研究，因此对本课题的研究亦有借鉴意义。

近几年来与印度（尼赫鲁时期）有关的博士论文也日渐增多，其中王昊《冷战时期美国对印度援助政策研究（1947—1971）》（指导老师余伟民，华东师范大学）认为：冷战时期，出于本国和盟国军事安全的考虑，美国向盟国提供了相当规模的、长期的军事和经济援助。与此同时，出于冷战制度性对抗的考虑，那些具有重要战略价值、未进入西方同盟体系的欠发达国家也得到美国的经济或军事援助。其中，美国援助印度就是这种援助类型的典型案例之一。自印度立国后不久，美国便开始通过包括援助在内的政治、经济、外交等手段，影响印度的发展及外交倾向。在此意义上，冷战为印度的发展提供了可资利用的资源和条件。而王昊对这一时期的研究恰好与尼赫鲁主政印度的时期大致重合，该文可为本课题之外交思想研究提供借鉴。

关于尼赫鲁及其建国思想联系比较紧密的期刊学术论文有20余篇，总体阐述的有3篇：尚劝余《尼赫鲁思想的主要特征》，《南亚研究季刊》1990年第3期；尚劝余《略论尼赫鲁思想的基本内容》，《南亚研究》1992年第4期；朱明忠《尼赫鲁思想体系的特点与渊源》，《当代亚太》1998年第11期。关于尼赫鲁具体思想领域的有3篇：尚劝余《尼赫鲁外交思想略论》，《宝鸡文理学院学报（社会科学版）》1995年第3期；朱明忠《尼赫鲁的民主思想及其特点》，《当代亚太》1998年第3期；朱明忠《评尼赫鲁的社会主义思想》，《当代亚太》1998年第8期。至于袁传伟《世俗主义与议会民主制度——印度政治现代化的定位及其演进》，《历史教学问题》1998年第3期，和本课题也有一定的关联性。除军事思想、教育、卫生等领域外，其他领域均有所涉及。笔者发现，作为尼赫鲁建国思想的主要内容：民主主义、社会主义、世俗主义和不结盟等，均有程度不同的研究，然而却没有把尼赫鲁建国思想作为一个体系来进行研究，并且具体思想之间的相互关系如何，以及它们实现的程度及相互影响和制约作用等关系，需要进一步的研究才能明了。

笔者目力所及，目前国内尚无关于尼赫鲁建国思想的专著或其他系统成果。

随着深入开展对印度其他方面和领域的研究，随之而来的大量专著出版又为充实和丰富有关尼赫鲁的研究提供了较为充足的资源，使得拓展研究新途径和新领域成为可能。现将收集到与本课题研究有关联的著作分类，这些著作在对某一方面或领域研究时有借鉴、参考价值。比如对研究政治及政治制度有启迪的有：林良光主编《印度政治制度研究》（北京大学出版社1995年版）；林承节《印度独立后的政治经济社会发展史》（昆仑出版社2003年版）；曹小冰《印度特色的政党和政党政治》（当代世界出版社2005年版）等。经济领域研究可以借鉴以下著作：李了文等《印度经济》（人民出版社1982年版）；殷永林《独立以来的印度经济》（云南大学出版社2001年版）；赵鸣岐《印度之路——印度工业化道路探析》（学林出版社2005年版）等。与外交、国际关系等有关的专著：孙士海《印度的发展及其对外战略》（中国社会科学出版社2000年版）；张敏秋主编《中印关系研究（1947—2003）》（北京大学出版社2004年版）等。与文化有关的：尚会鹏《印度文化传统研究》（北京大学出版社2004年版）；刘建、朱明忠、葛维钧著《印度文明》（中国社会科学出版社2004年版）等。有关军事的：孙培钧、华碧云《印度国情与综合国力》（中国城市出版社2001年版）；曹永胜等《南亚大象——印度军事战略发展与现状》（解放军出版社

2002 年版）等。有关现代化的：林承节主编《印度现代化的发展道路》（北京大学出版社 2001 年版）等。有关科技、教育的：文富德，唐鹏琪《印度科学技术》（巴蜀书社 2004 年版）；张双鼓，薛克翘，张敏秋编《印度科技与教育发展》（人民教育出版社 2003 年版）等。有关印度社会的：陈峰君主编《印度社会述论》（中国社会科学出版社 1991 年版），邱永辉、欧东明《印度世俗化研究》（巴蜀书社 2003 年版），等等。

（二）国外研究现状

1. 从现有译著情况来看：（印）印度斯坦时报，郭登皞等译《印度宪法》，（世界知识社 1951 年版）；（印）尼赫鲁著，齐文译《印度的发现》（分上下两册），（世界知识社 1956 年版）；（印）尼赫鲁著，张宝芳译《尼赫鲁自传》，（世界知识社 1956 年版）；这三部译著是成书较早的关于尼赫鲁及印度的建国理念的书籍。因为尼赫鲁的《尼赫鲁自传》、《印度的发现》两部著作因其成书时间较早，可以探究其独立前建国思想的基本来源和影响因素；至于印度第一本宪法的制定，则基本上反映了尼赫鲁等印度民族独立运动领导人的建国理念和主张。（美）莉拉·芬克，约翰·海斯，黄明译：《尼赫鲁》（台北鹿桥文化事业公司 1992 年版），这本尼赫鲁的人物传记小册子，就其写作目的和动机而言，只可作为政治历史人物的通俗读物，但从中可以看出像尼赫鲁这样的世界著名政治人物在美国的影响和公众印象。（印）鲁达尔·达特，K·P·M·桑达拉姆著，雷启淮等译：《印度经济》（上、下册）（四川大学出版社 1994 年），该书较全面系统地分析论证了印度经济的发展、经济结构以及主要的经济部门的情况，是研究尼赫鲁经济思想的必备的参考资料。（印）迪帕克·拉尔著，赵红军主译：《印度均衡：公元前 1500—公元 2000 年的印度》（节选和修订版）（北京大学出版社 2008 年），这本用经济学原理叙述并解释印度社会 3500 年来的"均衡"状态，尤其是其中第三部分"独立年代 1947—2000"，可以与上文提到的《印度经济》共同为尼赫鲁时期的经济发展和计划经济的实施情况提供比较多的可参考的数据等资料和信息。（美）斯蒂芬·科亨著，刘满贵等译：《大象与孔雀——解读印度大战略》（新华出版社 2002 年版），斯蒂芬·科亨是美国知名的南亚问题专家，他这本著作对近年来发展迅猛的印度进行战略评估，自然避不开对尼赫鲁时期的叙述和分析，从中可以看出印度多年的发展在世界范围的影响和引起的反应，也表现出尼赫鲁时期的印度在美国对外政策中的地位以及世界影响。而（德）赫尔曼·库尔克，迪特玛尔·罗特蒙特著，王立新，周红江译：《印度史》（中国青年出版社 2008 年版）；（美）弗朗辛·R·弗兰克尔著，孙培钧等译：《印度独立后政治经济发展史》（中国社会科学出版社 1989 年版），可以和现有国内的通史、断代专门史著作比照，增加史料来源，研究对史料研读的价值判断，找寻东西方社会对尼赫鲁等印度领导人评价的不同之处，便于更客观公正地研究本课题。

2. 从收集到的英文著作情形来看，体现尼赫鲁建国思想的资料，大致分为三类：第一类，包括尼赫鲁本人的著作、报告、文集等，有关人员或方面进行收集整理编纂成为《尼赫鲁选集》、演讲报告集等，显然这些著作是研究尼赫鲁建国思想的极其重要且基本的文献资料。比如：Jawaharlal Nehru：Glimpses of World History，New Delhi，Oxford University Press，1983. Jawaharlal Nehru，Selected works of Jawaharlal Nehru（vol. 1 to vol. 14），New Delhi，Orient Longman，1984. Jawaharlal Nehru，Jawaharlal Nehru's Speeches（1949—1953），New Delhi，Publications Division（Ministry of Information and Broadcasting government of India），1954. Jawaharlal Nehru：An Anthology，New Delhi，Oxford University Press，1980. G. Parthasarathi（ed），Jawaharlal Nehru：Letters to Chief Ministers（1947—1964），Vol. 1，Delhi，Oxford University Press，1985. Jawaharlal Nehru，Independence and after：a collection of speeches（1946—1949），New York，The John Day Company，1950. etc.

中国古语："听其言，观其行"，像尼赫鲁这样的著名政治家，受制于主客观因素的影响也相应较多，其言行只是研究他的建国思想的一个重要来源，而不能不加辨别地采用，应将之与当时的国际、国内形势相对照，还要同时参照有关领域的研究成果，才有可能得出比较可靠的结论。

第二类，包括有关专家学者对尼赫鲁的研究，同时也包括关于尼赫鲁的传记。专家学者对尼赫鲁的研究有如下著作：V. T. Patil，Narayana，A study of Nehru's ideas，Delhi，Devika Publications，1998. A study of Nehru's ideas 将尼赫鲁思想分为四部分：宪政思想、社会经济思想、政治体制思想、联邦治理思想，有 25 个专题论述构成。虽然这 25 个思想专题就其研究来说，比较透彻，但主要的四部分没有形成密切的内部必然联系，且四部分内的各专题之间相互关系亦未阐述，使人有"只见树木，不见森林"的感觉，更没有就这些具体思想与尼赫鲁思想的关系进行总的论述等，然而，该著作可为研究尼赫鲁建国思想提供上述印度学者研究成果等方面的重要信息和线索。Rafiq Zakaria（ed），A study of Nehru，Calcutta，Rupa. Co，1989. A study of Nehru 是一部论文集，共有十一部分，汇集了相当多的尼赫鲁研究专家学者的研究成果，可以为尼赫鲁建国思想研究提供诸如尼赫鲁生活、工作以及关于其在印度施行的大政方针等多方面的信息和资料。其他方面如尼赫鲁的政治理念：S. R. Bakshi，Nehru and his political ideology，New Delhi，Criterion Publications，1988. 关于对印度外交政策的构建：Jawaharlal Nehru：the nation builder and architect of India's foreign policy，Meerut（India），Anu Books，1992. 关于经济政策：Sharada Rath（ed），Mrigen Bose，Jawaharlal Nehru and his economic policy，Calcutta，Smt. Anita Bose，1977. 关于尼赫鲁与 20 世纪的关系：Milton Israel（ed），Nehru and the twentieth century，Ontario（Canada），University of Toronto，1991. etc. 这些著作可以从不同领域、视角为研究尼赫鲁建国思想提供借鉴。

上述印度及欧美专家学者对尼赫鲁的研究，是必须关注的。他们分别从尼赫鲁的思想、尼赫鲁与政治制度、经济秩序、外交政策的关系等多方面着手研究，将给尼赫鲁建国思想研究以启迪。一方面，可以看出印度和欧美关于尼赫鲁研究的热点和重心，另一方面，可以显现国外学者尼赫鲁研究的价值评价标准，并与国内的研究进行比较，把研究的视野扩展开来。

尼赫鲁的传记类包括如下著作：Sarvepalli Gopal，Jawaharlal Nehru：a biography（Abridge Edition），New Delhi，Oxford University Press，1993. 这部传记共有三部分组成：1889—1947，1947—1956，1956—1964，基本就是按照尼赫鲁的生命历程和在印度政坛的发展及影响的扩展依据，从而来书写尼赫鲁的成长和政治生涯。在众多的尼赫鲁传记中特别值得一提的就是 Sarvepalli Gopal 撰写的 Jawaharlal Nehru：A Biography，因为 Sarvepalli Gopal 有在尼赫鲁政府任职十年的经历，可以近距离接触传主，了解传主的真实意图，同时 Sarvepalli Gopal 还曾参与编纂《尼赫鲁选集》等事项，亦参与了大量尼赫鲁文献资料的收集和整理工作，由于有翔实的史料的支持，更兼因工作关系 Sarvepalli Gopal 还便于接触大量的核心资料。故此，Sarvepalli Gopal 的 Jawaharlal Nehru：A Biography 对本课题研究有重大参考价值。Frank Moraes，Jawaharlal Nehru：a biography，New York，The Macmillan Company，1956. 该书是一本政治传记，共有 18 个章节，主要以时间为序，叙写尼赫鲁由出生至今日印度政坛的权力巅峰的历程。从出版时间可以看出，这本传记是尼赫鲁在印度及世界声望日隆之际出版问世的，因而会有很多因素掺杂其中，影响着作者做出客观公正的评判，或有些事件当时并不明了（或明朗）等，故此，中国传统上就有“生前不立传”的说法。当然如转换思路，恰恰可以通过此传记来了解尼赫鲁在当时西方世界的地位和影响，从这一角度来看，就不会影响这本传记的参考价值了。类似的情况的传记还有 Michael Brecher，Nehru：a political biography，London，Oxford University Press，1959. etc.

尼赫鲁传记可以补充本课题研究所需史料，因此是非常重要的史料来源之一，另外传记也可将不同时代的印度和欧美学界对尼赫鲁的主流评价显现出来。

第三类，包括关于印度的政治、经济和文化等研究，其中涉及尼赫鲁在印度执政时的情况等资料，主要是从政党、选举、政治思想、政治史、种姓、政府等具体方面，其中有章节部分地表现了尼赫鲁建国思想的内容。比如关于政党和政党政治：Zoya Hasan（ed），Parties and Party Politics in India，New Delhi，Oxford University Press，2004. 关于印度发展道路：A · R · Desai，India' s Path of Development，Bombay，Popular Prakashan，1984. 关于种姓和民主政治：Ghanshyam Shah（ed），Caste and Democratic Politics in India，London，Anthem Press，2004. 关于印度政治思想：Hari Hara Das，Indian Political Thought，New Delhi，National Publishing House，2005. N · Jayapalan，Indian Political Thinkers：Modern Indian Political Thought，New Delhi，Atlantic Publishers and Distributors，2000. etc.

与国内 20 世纪 90 年代开始的尼赫鲁研究情况相比较，国外尼赫鲁研究要充分得多，涉及的研究方面和领域也宽泛得多。同时，通过上述对国外有关尼赫鲁研究的回溯，可以判定的是：关于尼赫鲁建国思想系统研究的著作，至今尚未见到。

三、论文的突破和创新点

（一）比较全面系统地对尼赫鲁建国思想进行研究

此前，关于尼赫鲁建国思想的研究较多地集中于外交，或者某一领域的部分研究等，而尼赫鲁在此时期的包括政治、经济、军事及科教等方面的建国整体方略之思想研究尚未见到。尼赫鲁作为首任总理为现代印度擘划的该段历史时期，恰恰是奠定今日印度立国基础的重要时期。故此，对尼赫鲁建国思想展开全面系统研究就非常必要。

（二）将尼赫鲁建国思想置于国际局势与印度的具体国情下进行动态研究

1. 尼赫鲁的建国思想是变化的，比较明显的例子是其对工业等事关国计民生产业的态度变化，其他还有如早年与后期对社会主义及其实践的变化等，无不体现了思想的影响因素之广泛，态度前后对比之显著，立场变化之迅速。

2. 要从国际、国内的因素宽范围、大纵深、多视角看待其建国思想，在此可以列出比较显著的例子是中国建国的思想对印度领导人尼赫鲁的某些影响①。毕竟，印度是处于一个联系日益密切的世界里，处于一个优势互补互鉴的竞争环境之下。由此，就需要对其建国思想进行动态研究。

3. 尼赫鲁的建国思想是与印度基本国情相适应的。印度作为独立后发展议会民主制度之一的大国，是发展中国家摆脱殖民统治较早并进行国家建设比较成功，更兼其人口众多、民族繁多、宗教对立、贫富分化显著等因素困扰，却仍能在当今竞争剧烈的环境中脱颖而出，可见当初的制度建设及其规范为后续发展做了铺垫。因此，尼赫鲁建国思想及其立国方略的努力是有成效的，当然，也可以看到后世印度领导人对其建国思想的继承和发展的轨迹。

（三）研究尼赫鲁建国思想并总结其在指导印度的现代化建设实践中的得失，丰富发展中国家实现现代化研究的案例

印度道路和民主制度的实现范式、发展演变均离不开尼赫鲁建国思想的指导，这也是独立后印度进行现代化建设的根据，故研究尼赫鲁的建国思想并总结其在印度的现代化建设实践中的经验教训，为丰富世界多样的现代化模式，尤其是发展中国家进行现代化建设提供了又一范例。加强对印度包括尼赫鲁建国思想在内的分析总结的研究，还有利于当今世界瞩目且已经产生巨大影响的中印两种不同发展模式相互之间的借鉴。

四、研究思路与方法

印度民族解放运动是尼赫鲁建国思想产生发展的土壤，同时尼赫鲁建国思想又是民族解放运动发展的结果和产物，也是对民族解放运动成果的巩固和强化。尼赫鲁希冀用民主、公平和世俗主义等准则构建一条有别于资本主义和社会主义制度的中间道路，并在此基础上奠定了有特色的印度道路。具体地说就是：坚持民主主义、世俗化的立国准则，实现议会民主制；通过计划发展经济，力图实现经济发展和社会公平的目标（社会主义），巩固印度政治独立；对外关系主要是加强反帝反殖，加强与独立各民族国家的联系，并发展成为不结盟策略，捍卫印度国家民族利益，力图以较弱的国力在国际舞台上发挥作用，做“有声有色的大国”，等等。尼赫鲁建国思想的产

① 陶季邑：《中国社会主义革命和建设对尼赫鲁的影响》，武汉科技大学学报（社科版），2000年2期。

生、发展和变化，与所处时代的国内国外环境及传统、借鉴他国成功经验等因素密切相关。

本论文以历史学的理论和方法为指导，结合国际政治、经济、法律以及外交和印度特有的国内政治环境、经济建设和文化背景，来进行相应的相关学科知识准备，采用宏观与微观相结合的研究方法。宏观上，将世界发展大趋势和印度国内的整体政治经济形势视为一个密切相关的有机体，在此基础上对尼赫鲁建国思想进行综合分析。微观上，针对不同时期和不同领域尼赫鲁的建国思想变化，并对方针政策演变的基本情形加以分析。

落实到具体研究做法上则主要有以下两点：

第一，尽量多地占有相关文献资料，并对这些文献资料进行解读，以发现文献背后隐藏的史料信息，尽量做到不因研究者文化背景等因素影响对被研究对象的误读或曲解。由于这一研究涉及诸多相关领域和较长的时间跨度，则需要做充分的资料收集和分析比较研究，尽量避免因研究者的文化背景等因素影响产生较大的误差。

第二，论文将采用纵向和横向、静态和动态的研究方法，以实现对尼赫鲁建国思想进行全面的、多视角的分析研究。

论文阐述尼赫鲁独立前建国思想的产生、发展及其初步形成的情况，接着用专题的形式进行分述。希望借此种表达形式来解决头绪繁杂、内容、时期跨度较大等问题，以便于在掌握总的情况和趋势的同时，又能对各个专题论述也能清晰明了，从而完成本论题的撰述。

第一章 尼赫鲁建国思想的来源

第一节 尼赫鲁早期的思想概况

一、尼赫鲁的民族情感和求学英国时的思想倾向

早在少年时期的尼赫鲁就感受到作为殖民地印度人的屈辱并立下志向。他说："我痛恨印度境内的外国统治者这种无理取闹的举动，因此每当看见印度人反抗这种举动时我很高兴"，① "民族主义思想充满了我的心怀。我念念不忘印度和亚洲摆脱欧洲的束缚，取得自由。我梦想着勋绩。我拿着剑，为印度而战，为印度的自由而效力。"②

尼赫鲁强烈的印度民族感情使他感觉 "印度和我是血肉相连的。印度的许多事情本能地使我激动。"③ "我对于印度的态度，……往往是出于感情的。它以民族主义的形式出现。"④ 他对印度的未来充满信心，主张印度完全独立，通过发展印度民族经济和稳妥的外交政策，提高印度的国际地位。并且，尼赫鲁把复兴印度的重任看作是自己义不容辞的责任。

1905 年至 1912 年，尼赫鲁赴英国留学。在英国所受的教育给尼赫鲁思想打上了深深的烙印，尼赫鲁在《自传》中表明："就我个人来说，我在思想方面深受英国的影响，因而永远不能和它完全分开。同时，无论如何，我也不可能摆脱我在英国学校和大学里所养成的那种思想习惯以及对其他国家和生活进行一般评价时所使用的那种标准和方法。"⑤

在英国学习期间，有多种社会思潮对尼赫鲁产生过影响。如西方自由主义传统，即强调自由、平等、民主的价值。又如费边社会主义，在政治上主张议会道路，扩大选举权；经济上，主张实行工业、铁路和土地社会化；方法上主张采取 "渐进主义" 和改良主义。尼赫鲁第一次接受社会主义思想是在英国做学生时，"我应该说确切在剑桥时，广泛的说来某些社会主义观念，部分是费边社会主义，部分是一些更激进的社会主义的观念发展起来了。"⑥

---

① 尼赫鲁著，张宝芳译：《尼赫鲁自传》，世界知识社 1956 年版，第 7 页。
② 尼赫鲁著，张宝芳译：《尼赫鲁自传》，世界知识社 1956 年版，第 18 页。
③ 尼赫鲁著，齐文译：《印度的发现》，世界知识社 1956 年版，第 48 页。
④ 尼赫鲁著，齐文译：《印度的发现》，世界知识社 1956 年版，第 52 页。
⑤ 尼赫鲁著，张宝芳译：《尼赫鲁自传》，世界知识社 1956 年版，第 477 页。
⑥ Jawaharlal Nehru, Conversations on India and the World Affairs, New York, 1956, pp. 13 ~ 14.

后来，尼赫鲁回忆他在英国时期的政治倾向时说："就政治问题而言，我是一个渴望印度自由的民族主义者，并且在印度政治中颇倾向于当时以提拉克先生为代表的极端派"。①

二、尼赫鲁的"印度的发现"

19 世纪中叶，印度近代启蒙思想家 R·M·罗易等人开始思考印度落后的原因，探索印度今后的出路。罗易提出向英国学习，引进先进技术、资本和企业管理经验。瑙罗吉是印度民族运动早期领导人之一，也是国大党的奠基人之一，他提出了著名的"印度财富外流论"。他的理论指出英印之间存在着不平等的经济关系，其实质是英国殖民者的剥削和榨取。伦纳德是当时影响仅次于瑙罗吉的经济学家，他的经济学说主张对英国殖民统治进行鲜明的批判，不相信英国殖民者会扶植印度工业的发展，同时提出要关心印度农村问题。瑙罗吉注重强调减轻殖民压迫，聚积资本，伦纳德强调投资工商业，发展生产，二者相辅相成，构成了完善的理论体系。这三人的观点都给尼赫鲁带来了巨大的影响，比如，尼赫鲁曾评价："瑙罗吉的理论在印度民族思想发展过程中，为印度的民族主义提供了政治经济学的基础。"②

1912 年，尼赫鲁在英国取得律师资格，回到印度从事律师工作，加入国大党，参加政治活动。第一次世界大战开始了殖民主义统治的瓦解过程，开辟了民族解放运动的新历程，为印度民族独立运动创造了新的形势和条件。此时，甘地正式登上了印度政治舞台，以他独特的方式揭开了反抗英国殖民统治的非暴力不合作运动的序幕。这很快吸引了当时的尼赫鲁，他写道："那时甘地出现了。他像一股强有力的新鲜气流，使我们振作起来，深长地松了一口气；他像一道亮光，穿透了黑暗，并拨去了我们眼睛上的翳障；他又像一阵旋风，吹翻了许多东西，最重要的是激动了人民运用思想。"③

M. K. 甘地被尊称为印度"圣雄"、"国父"，出生在今古吉拉特邦一个宗教气氛浓重的土邦大臣家庭。1888 年赴英国攻读法律，1891 年学成回印度担任律师。1893 年应邀赴南非，帮助处理当地印侨商务纠纷，获得了巨大成功，因此享有很高的声望。1915 年回印度，1920 年成为国大党的实际领导人。此后，领导国大党和印度民众开展一个又一个规模和声势浩大的印度民族解放运动，为印度赢得民族独立作出杰出的贡献。甘地的思想主要植根于本土的宗教文化遗产，又汲取了西方文明的某些成分。他的长期斗争实践，于 20 世纪 20—40 年代形成了带有印度特色的民族主义思想体系，被称为甘地主义。甘地的民族主义爱国精神、反对"不可接触制度"的态度、坚定的教派共融的主张和独特的非暴力斗争形式对印度社会至今仍有影响。甘地的村社自治、自力更生和自给经济的思想对印度经济政策的形式也同样产生了作用。

甘地的主张有：（1）先提出印度在英帝国内部自治的主张，后提高到要求印度

① Michael Brecher, Nehru : a political biography, London, Oxford University Press, 1959. p. 31.

② 林承节：《印度现代化的发展道路》，北京大学出版社 2001 年版，第 9 页。

③ 尼赫鲁著，齐文译：《印度的发现》，世界知识社 1956 年版，第 473 页。

的完全独立，反对英国殖民者对印度的压迫剥削和实行分而治之政策。（2）早期曾幻想印度独立后最好处于“开明的无政府状态”，后来又提出“回到村社自治状态”的口号，即建立一个地方分权的村社联合体。主张建立一个既消除资本主义弊病，又保持印度传统道德的替代社会。（3）倡导自由、平等和博爱，主张发扬人道主义，个人享有自由权利。坚决要求废除“不可接触制度”，消除种姓歧视。主张大小民族和睦相处。支持妇女解放运动。（4）号召为摆脱英国资本剥削，印度人穿用土布。发展手工纺织运动可以使人民摆脱长期贫困，并抵制英国纺织品在印度市场的倾销。主张到农村去寻找一个替代工业社会的模式，开展以家庭纺织为特征的经济自主运动，以农村的自治、自给、自足经济代替集中的大工业生产；避免财产集中在少数人手里，建设一个互助合作、人人平等和自食其力的社会，等等。①

甘地独特的领导民众的方法和重视组织群众的做法，对尼赫鲁触动很大。尽管之前尼赫鲁半信半疑，但在看到非暴力不合作运动的巨大力量和实际成效后，又不得不服膺于甘地和他的理论。尼赫鲁说：“我曾经是而且仍然是一个忠贞不渝的社会主义者和民主主义者，同时，我真诚地接受了甘地在过去二十年里曾如此成功地实践过的非暴力行动的和平方法。”② 其实，甘地的非暴力与和平变革的理论就是印度传统文化适应时代发展的一部分。所以，在第二次世界大战期间的长期监禁中，尼赫鲁又潜心研究了印度的历史和传统文化。

1920 年夏天的非暴力不合作运动中，尼赫鲁作为国大党工作者第一次来到了农村，亲眼目睹了印度农村令人触目惊心的贫困景象。尼赫鲁写道：“我完全不了解工厂中、田里的劳动情况，我的政治见解也完全是资产阶级的观点”。③“从此以后，一想到印度，我心中就出现了这些衣不蔽体，食不果腹的农民群众……我所看到的景象，我所获得的印象，不可磨灭地印在我的心上”。④ 与农民接触，为印度农村突出的贫困和悲惨状况感到悲痛，尼赫鲁认识到独立后印度的第一个目标就是对付贫困问题。从此，他认识到未来印度的经济和政治的安排都不能忽视大众的要求，也激起了尼赫鲁有意识地“发现”印度，即对印度的过去、现在以及未来发展进行更深层次的认知和探索。

于是，尼赫鲁写道，“当我长大成人献身于可望导向印度获得自由的活动中的时候，我被关于印度的思想所困惑。这支配住我的，不断向我招着手的，促使着我采取行动的，要使我们可以实现心坎上的一些渺茫而又深切感到的愿望的印度是怎样的呢？我想最初的推动力是个人和民族的自豪感，和那人类共有的愿望，要抗拒他人的统治和自由享受我们所安排的生活。”“我站在印度西北部印度河流域的摩亨殊·达鲁土冈上，在我的周围据说是一个五千年以上的古城的房屋街道；即使在当时，它已

① 曹小冰：《印度特色的政党和政党政治》，当代世界出版社 2005 年版，第 180 ~ 181 页。
② Jawaharlal Nehru, The Untity of India, London, 1948, p. 134.
③ 尼赫鲁著，张宝芳译：《尼赫鲁自传》，世界知识社 1956 年版，第 56 页。
④ 尼赫鲁著，张宝芳译：《尼赫鲁自传》，世界知识社 1956 年版，第 64 页。

经有一个古老的、很发达的文明了。”“就这样印度历史漫长的全景，它的兴衰成败……过去的印度虽然是伟大而安定的，现在却是一个奴隶国家，是英国的附庸国了。”“要研究印度的力量和弱点以及它退化和衰败的根源是长时期的而且是错综复杂的事。”“虽然书籍和古代的文物及过去文化的成就有助于对印度的认识，它们并没有使我满足或给我以所求的答案。”① 于是，追溯了印度古代文明的发展历程，描写了他引以为自豪的印度历史上光辉而灿烂的哲学、宗教、艺术等多方面的内容。“旧时的魅力目前似乎正在消失之中，印度正在向周围展望，也正在迎头赶上‘现在’。”“等到自由开辟新的眼界，印度将要重新认识自己，而这‘未来’将比那受着挫折和屈辱的最近的‘过去’更使它心神向往。”② 印度的历史和文化渗入到尼赫鲁的精神世界的方方面面，他的强烈的民族自豪感、挽救国家和民族于危难的责任感即是由此萌发的。

第二节　苏俄社会主义对尼赫鲁思想变化的影响

一、周游欧洲及苏联的感受

1926—1927 年的欧洲之行，是尼赫鲁早期思想发展中的一个重要里程碑。在布鲁塞尔被压迫民族代表大会上，他第一次接触了来自亚非的共产主义者、社会主义者和激进民族主义者，受到这些人激进思想的影响。正是在这里，民族独立和社会变革的目标在他思想上不可分割地联系在一起，“自然而然地怀着善意，转向共产主义。因为尽管共产主义有缺点，至少它不骗人，它不是帝国主义。”③ 布鲁塞尔大会后，尼赫鲁对莫斯科进行了短访。“俄国的发现”无疑对他的政治和经济思想产生了影响。他亲眼目睹了苏维埃俄国的建设成就，一个曾经落后的帝国经过不到一代人的努力，建设了强大的工业，迅速进入世界大国之列，所以，苏联的社会主义实践给他留下了深刻印象，他更加坚信，政治自由必须与社会主义相联系。1927 年，尼赫鲁回到印度，他在《自传》中写道：“我的眼界比以前广阔些，在我看来，民族主义似乎过于狭窄，不能解决问题。政治自由和独立当然十分需要，不过它们只是朝着正确方向走的步骤而已。没有社会自由，社会和国家没有社会主义机构，无论国家或个人都不可能有很大的发展”。④ “苏联虽然犯了一些错误，可是克服了极大的困难，在建立新制度方面有了很大的成绩。……苏维埃国家的存在和它所树立的榜样，在黯淡的、凄凉的世界上是一种光明的、令人兴奋的现象。”⑤

---

① 尼赫鲁著，齐文译：《印度的发现》，世界知识社 1956 年版，第 47 ~58 页。
② 尼赫鲁著，齐文译：《印度的发现》，世界知识社 1956 年版，第 748 ~750 页。
③ 尼赫鲁著，张宝芳译：《尼赫鲁自传》，世界知识社 1956 年版，第 184 页。
④ 尼赫鲁著，张宝芳译：《尼赫鲁自传》，世界知识社 1956 年版，第 188 页。
⑤ Jawahartal Nehru, An Autobiograpy, New Delhi , 1962, pp. 361 ~362.

二、在社会主义和资本主义之间

在英国殖民统治压迫下，造成了印度民族资本主义的孱弱，却使包括尼赫鲁在内的许多印度有识之士认为本国工业基础薄弱，造成了无力与西方列强打交道，并最终获得国家政治、经济的独立。[①] 因而，推动和实现工业化，既是摆脱英国殖民经济束缚的先决条件，也是克服国防力量薄弱的主要途径。尼赫鲁认识到，过去正是印度军事上的软弱、工业上的薄弱，才使印度败于西方先进的工业文明，而最终沦为其附属国的。[②] 因此，在20世纪20年代，苏联开始实施的优先发展重工业的经济统制范例，对尼赫鲁特别有吸引力。因为，在尼赫鲁看来，这个例子揭示了一条捷径：一个曾处在西方资本主义发展边缘社会，既软弱又贫穷的不发达国家通过计划而实现了工业化，并且仅仅在短短的一代人的时间内就逐步强大了起来。相比之下，20世纪初西方资本主义制度下暴露出来了严重的经济危机，各种社会矛盾尖锐。加之，两次世界大战均对欧洲经济产生了不良影响，特别是二战后西欧的衰落和苏联、东欧的崛起，更使他的思维取向与价值判断倾向于后者，但尼赫鲁的阶级特性并没有改变，所以他也不可能完全摒弃和彻底批判资本主义，倡导印度走社会主义类型社会的中间道路，历史渊源即在于此。

尼赫鲁之所以更欣赏建立在社会分配和经济平等基础上的社会主义，就在于它可以通过有计划的发展手段达到更大的社会平等。大规模的五年计划使苏联实现了国家工业化，提高了人民生活水平。尼赫鲁断言只有那样的革命性计划才能解决印度工业和土地这两个问题。他说："我也同样地深信，必须有最缜密的计划与配合，才能获得工业化的充分利益，而避免它的许多危害。"[③] 他把计划作为实现印度经济现代化的一个重要途径。他认为印度要彻底从殖民地经济的阴影里走出来，有必要建立起自己完整的现代工业体系和迅速实现工业化。无论从资源的有效利用，工业各部门的发展安排来说，还是从协调公、私营成分关系来说，都需要计划。他说："重工业、消费品工业和乡村工业三者的配合是一国工业的基础，一个包括关键重工业、中型工业和乡村工业发展的计划必须制定出来。"[④]

作为一个贫穷落后的国家，印度存在着严重的社会差别和不平等。在民族独立解放斗争的实践和探索中，尼赫鲁认识到资本主义不能解决印度的问题，要解决印度的上述问题只有实行社会主义。因为社会主义主张公有制，主张消除特权集团，公平合理地分配社会财富，缩小差别，保障平等。1936年4月，尼赫鲁在勒克瑙国大党会议上说："我确信，解决世界问题和印度问题的唯一办法就是社会主义。当我用社会主义这个词的时候，我不是从含糊的人道主义的意义上，而是从科学的经济的意义上应用的。无论如何，社会主义还具有比经济原理更广泛的意义。对我来说，它还是一

---

① D. 拉尔著，刘泸生译：《发展经济学的贫困》，上海三联书店，1992年版，第77页。

② 尼赫鲁著，齐文译：《印度的发现》，世界知识社1956年版，第53～54页。

③ Selected Works of Jawaharlal Nehru, Vol. 14, New Delhi, 1974, p. 561.

④ Selected Works of Jawaharlal Nehru, Vol. 9, New Delhi, 1974, p. 368.

种人生哲学。我认为，除了社会主义，没有其他的道路可以消除印度人民的贫穷、大量失业、落后和被奴役的地位。它将在我们的政治和社会结构上导致一场巨大的革命性的变革，并且消除依赖土地和工业的特权集团以及封建专制的印度国家制度。这意味着消除私有财产，除了有限的财产之外，要用合作服务的更高观念来取代现存的利益制度。这意味着我们在本能、习俗和欲望上的最终改变。简言之，这是指一种新的文明，一种与资本主义秩序完全不同的文明。”①

由于受甘地非暴力思想的影响，尼赫鲁向来不赞同用暴力的手段进行激烈的社会变革。因此，他在《自传》中说：“我早就倾向于社会主义和共产主义，苏联使我很感兴趣。但是，苏联有许多事情我不喜欢——例如残暴地取缔一切反对的意见，什么事情都要搞成一模一样，在执行政策时采取不必要的暴力（这是我个人的意见）。”②

第三节　英属印度宪政改革对尼赫鲁的影响

一、英属印度的宪政改革与国大党省级执政的经验

1858年，英国政府宣布接管东印度公司在印度的权力，从此开始了在印度建立殖民政权的过程。为了使殖民地服务于宗主国的利益，英国在印度顺应时代和形势的发展，采取了一些措施，其中宪政改革就是英国为了更好地统治印度而进行的变革。英国议会对殖民政权实行的“宪政改革”，主要是使其向行政、立法和司法三权分立方向发展。1919年，英国议会通过了《印度政府法》，接着，英国政府颁布《英印中央政府和各省政府体制改革方案》。通过该法案确立英印中央立法机构由立法会议和国务会议组成，议员由符合资格限定的人员直接选举产生。中央立法机构的许多重大问题议案，提出须事先获得总督的同意。总督不对议院负责；总督还有权拒绝批准立法机构通过的议案，并有权颁布紧急状态条例。中央和各省实行分权体制，凡关系重大政治、经济、防务的事务均归中央管辖。法案规定各省实行双头政治体制，省督“保留”最重要的行政事务权力，其余职权“移交”给部长行使。该法案和补充法规建立了较为接近议会民主制的政权体制及运作规则。

1929年，印度国大党发动了第二次不合作运动，要求独立。1930年，英国工党政府宣布召开圆桌会议。根据圆桌会议的协议，英国议会1935年通过了新的《印度政府法》。

1935年新的《印度政府法》规定实行联邦制，由英属印度各省和土邦组成印度联邦，各土邦王公可以自由决定是否参加。联邦立法机构实行两院制，即联邦议会和国务会议，相当于下议院和上议院。联邦议会议员由各省立法会议间接选举产生，国务会议议员则由占有较高财产者中选出。前者任期5年，后者为常设机构，其成员每三年更换三分之一。土邦受到特殊的恩惠，由各王公指定的代表在联邦议会占三分之

① Vishnoo Bhagwan, Indian Political Thinkers, Delhi, 1976, p. 300.

② 尼赫鲁著，张宝芳译：《尼赫鲁自传》，世界知识社1956年版，第410页。

一，在国务会议占五分之二。联邦立法机构的权力是有限的，只能就联邦施政项目表所列事项制定法律。总督依然掌握极大的决策权，他可以就国防、外交、财政等重大问题发布法律和法令。联邦立法机构通过的法律均须提交总督批准，他还有权宣布紧急状态法令，停止宪法的实施。①

同时，新的《印度政府法》规定，行政保留部门（中央的国防、外交、选举、宗教事务和部落管理等部门为保留部门）由总督任命参事，只对总督负责；其他部门由总督参照部长会议的建议管理，在涉及印度安全、财政、金融和少数社团权利等问题上总督有裁量权；总督按西方议会民主制惯例任命部长，部长会议必须得到联邦立法机关信任，行政权也仍操于总督之手；各省实行自治；联邦同各省分权，权力的划分列为三表：联邦职权表、省职权表、共同职权表。至于剩余职权的划分由总督裁定。应当承认，1935 年《印度政府法》比以往的类似法律前进了一步。虽然离它曾许诺的自治领地位还很遥远，却也在各省自治方面作了较多的让步。

但 1935 年《印度政府法》没有满足印度的自治要求，遭到各民族党派的反对，也为土邦所拒绝。实行联邦结构的规定被搁置，于是就先实行省自治。1937 年 2 月，印度举行了省立法会议选举，国大党参加了选举，结果在 11 个省中的 8 个省建立了省自治政府，其余三省由其他政党建立了政府，印度在省一级基本上实行了责任政府制。英印殖民政府开始把某些次要的权力，如教育、卫生等移交给由选举产生的政府。国大党的省政府在第二次世界大战爆发时集体辞职，国大党地方执政的实践遂告一段落。

1945 年，英国工党上台后，迫于形势发展允许印度独立，并在移交政权前恢复了省自治，建立了由印度人自己组成的临时中央政府。在印度民族运动逐步推动下，殖民当局先后实行的宪政改革为印度议会民主制的建立打下了基础。总的来说，英国人退出印度时给予印度至少 40 年宪政实践经验。这一点，尼赫鲁作为印度民族主义运动的领袖在印度独立之初就曾指出过。

殖民主义者创立的宪政体制，与传统体制截然不同。在此影响下，现代司法和行政体系建立了起来，行政和司法都独立于宗教之外，而这在传统的印度社会中是难以想象的。

另外，1938 年，由尼赫鲁为首的国大党国家计划委员会开始为印度的经济发展作全盘规划。它由十五个委员加上各省政府的代表和一些愿意合作的土邦代表所组成，计划委员会下设 29 个分会，其中包括重工业、化学、公共金融、交通等各个方面。国家委员会制定了一个发展计划和目标。计划的主要原则是：确定国家应该拥有或控制所有的关键工业和社会服务设施及其他具有垄断性的大型工业，国家要重点发展重工业以实现快速工业化；在农业方面，计划提出通过给予合理补偿废除柴明达尔制，土地由私人拥有，但以合作方式进行生产，保护佃农的租佃权和规定合法佃租；小型和消费品工业由私营部门生产，但必须在政府的严格管理和控制下；国营企业是

---

① 孙士海：《印度的发展及其对外战略》，中国社会科学出版社 2000 年版，第 66 页。

工业的主要力量，尼赫鲁甚至主张银行和保险业国有化以及国家参与对外贸易管理以实现国家对金融、外贸的控制等。但是，这个计划在当时英国殖民主义统治下是无法实现的。①

二、尼赫鲁对未来印度政体的构想

（一）尼赫鲁对未来印度的设想

1938 年，尼赫鲁就任国大党国家计划委员会主席，领导制定了国家发展十年计划和发展目标，但计划最终没实现。后来，尼赫鲁总结出在印度要实现任何计划，必须有两个先决条件：其一，就是获得民族独立，排除外国控制和干预；其二，就是有一个健全的、赢得人民支持的政府组织实施。

尽管受到第二次世界大战爆发等因素的耽搁，但在 1947 年 1 月尼赫鲁仍然充满信心地表示："战争已迫使实行计划，虽然这计划是为了破坏的特殊目的。当战争结束时，计划经济和国家控制不会放弃。恢复到战前资本主义是不可能了。缓步前进的时候已过去了。我们必须快步向前跑，以至冒着跌倒的危险，时不我待。"

从 1919 年起，殖民当局在印度建立了越来越接近议会民主制的政治体制，特别是 1935 年的改革，在省一级建立了责任政府体系。印度独立后建立的新体制，可以说是对独立前的体制的继承和改革。比如，两个《印度政府法》确立的两级议会模式被承继下来。1935 年法规定的联邦制、联邦同各省的分权原则，都为独立后的印度民主政体所借鉴。按照 1935 年法案，印度设立联邦法院，由一名首席法官和两名助理法官组成，具有初审权、受理上诉案件权和宪法法院职权等。这个制度也被独立后的民主政体所采用。

更重要的是，殖民时期宪政实践对印度人无疑是一种实行议会民主体制的培训。1935 年以后，一些印度政党在省一级成为议会第一大党，组织了政府，经历了在议会制下进行国家管理的过程，锻炼了从事议会政治的能力，为实行议会民主制度积累了经验。多年的宪政实践使印度政治家对这种政体的利弊了如指掌，为今后能够驾轻就熟地建立比较稳固的议会体制打下坚实的基础。

宪政改革还促使印度民族运动领袖对未来印度实行的民主政体有所思考。直到 1928 年印度各党派会议还设想在印度建立自治领责任政府。但 1928 年以后，尼赫鲁等国大党左翼提出了建立独立主权的议会民主共和国的新主张。

同时，尼赫鲁对资本主义社会从各方面进行批判，认为印度不能走西方式的资本主义道路。"就个人而言，我想一个获取性社会——这是资本主义社会的基础，不再适合目前的时代，也许它适合早期阶段，毫无疑问，资本主义曾有过辉煌的成就，但世界已走出了那个阶段。"② 另一方面，他也说不能在倾慕政治民主的印度实行苏联式的社会主义。这样，他就提出了在印度建立一个独特的"印度式"社会主义的主张。尼赫鲁试图在未来印度社会的图景中避免资本主义的一些严重弊病，消除财富集

---

① 林承节：《印度现代化的发展道路》，北京大学出版社 2001 年版，第 37～38 页。

② Jawaharlal Nehru, India's Today and Yesterday, New Delhi, 1932, p. 28.

中，实行经济平等；削弱私人财产权利，加强国家控制；消除阶级差别，解除大众贫困，实现社会解放。而这些在旧有的资本主义框架内是不能实现的。为了实现没有特权阶层和无巨大阶级差别的社会，必须改善印度广大无权阶层的社会经济状况，限制少数既得利益集团的追求。尼赫鲁虽承认阶级斗争和强迫方法不可避免，但否认无产阶级革命和无产阶级专政的必要性，认为建立社会主义社会的任务完全可以由国大党来承担，只要国大党的领导权掌握在社会主义者手中。把经济发展和西方民主制结合起来是他的理想目标。

于是，尼赫鲁在1931年促使国大党通过了他起草的《关于经济政策和基本权利的决议》(卡拉奇决议)。决议提出："为了结束对群众的剥削，政治自由必须包括千千万万挨饿的群众的真正的经济自由。"决议规定："国家将拥有关键工业、服务业、矿藏、铁路、航运和其他公共交通工具。"该决议强调保护工人利益，保证生存工资和工作的健康条件，限制工时和年老、生病和失业的经济保障，改革土地制度和税收制度，以累进制征收遗产税。这是国大党第一个带有某些社会主义色彩的纲领。它实际上确定了印度大规模工业化的方向和国家在工业化中所应扮演的角色。尼赫鲁说："卡拉奇决议案通过倡导关键工业和服务业的国有化，削减穷人负担和相应增加富人负担的其他各种措施，向社会主义方向迈出了一小步。"①

从1933年起，尼赫鲁的社会主义观念逐渐激进化，在许多方面接受了马克思主义的观点。到1936年他的社会主义思想达到顶峰。他这一时期宣布信奉科学社会主义即马克思主义理论，主张消灭资本主义和地主的私有制，并以合作制度这个更崇高的理想来代替目前的资本主义制度。他说，社会主义社会意味着生产的极大增长和机会均等。

20世纪30年代印度农民运动的开展对尼赫鲁未来农村和农业问题的思考起了促进作用。1936年4月在勒克瑙召开全印农协成立大会，通过了《农民宣言》，它成为著名的农民权力宪章和全印农协的行动纲领。其中的"根本要求"包括无偿废除一切柴明达尔的土地所有权，废除一切债务，把所有政府的可耕荒地分配给农民和无地雇工等。尼赫鲁对《农民宣言》表示支持。在农民运动压力下和尼赫鲁为首的国大党左翼坚持斗争下，1936年12月国大党费兹浦尔年会终于通过了一个较以前有所进步的土地纲领，即费兹浦尔纲领。其内容包括大大减少地租和地税，利润微薄的田产免交地租或地税，取消增加的地租，废除一切封建的苛捐杂税，暂停偿还债务，取消不合理的债务，给所有佃农以永佃权等。在废除地主所有制问题上，它只是说需要根本改变压迫性的土地占有制和地税制度，没有明确说废除地主所有制。但尼赫鲁以国大党主席身份发表演说作了个人解释。他说，土地制度不能再这样下去了，一个明显的需要采取的步骤是取消土地经营者和国家之间的中间人。1936年尼赫鲁在年会主席讲话中指出必须在取消地主所有制后，接着实行合作制或集体耕种。

对于柴明达尔制，尼赫鲁坚决主张予以废除，认为它是一种剥削性的制度，不能

---

① Jawaharlal Nehru, Jawaharlal Nehru, An Autobiography, New Delhi, 1962, p. 266.

为大多数人带来经济平等和幸福，它是一种过时的封建性的制度，不再适合于现代的经济环境，阻碍农业进步。他说："土地应该归耕作者所有，而不是柴明达尔。从社会公正和人道的角度看，目前印度的柴明达尔制度对社会是非常有害的，土地被当成柴明达尔的财产，柴明达尔没在土地上劳动却在家里坐享其成，地主把土地租给农民，总是尽可能榨取更多的地租。从完全经济的角度上看，柴明达尔实际已成为国家的负累和侵害印度农民肌体的吸血鬼。"但当时国大党多数领导人持保守态度，不仅对废除柴明达尔制不赞同，就是在减租减息上也很勉强。尼赫鲁对此感到不满，他说："整体来说，国大党是一个纯粹民族性质的组织，包括许多中等地主，也包括一些大地主。国大党领导人对于可能引起这种阶级问题或者可能刺激地主分子的事情极其畏惧，不敢进行"。[①] 1938 年国大党计划委员会成立之后，把农业改造和土地改革作为重要的问题列出来，提出了较激进的农村变革和土地改革的方案。

1935 年《印度政府法》颁布后，尼赫鲁组织南达·拉尔、K·T·沙、纳伦德拉·德瓦编著《新组织法中的省政府》和《联邦结构》两书，批评《印度政府法》并提出印度未来体制的设想。1937 年 8 月，尼赫鲁为《联邦结构》写了结论和建议部分，阐明了关于未来体制的设想[②]。设想包括以下内容：（1）实行责任内阁制度。国家元首是总统，他同时是宪法性首脑，其全部职权按部长会议的建议行使。但他不应是完全的虚位君主，应给他以一定主动权，他的地位最好在美国总统和法国总统之间。部长会议是联邦政府，由联邦立法机关中占多数的政党组织。部长会议集体对联邦立法机关负责。联邦立法机关采取两院制。（2）实行联邦结构。联邦由省及土邦构成，联邦政府负责国防、外交等。联邦政府对各地享有行政权威，除属于省自治范围的少数部门外，联邦政府管理国家各个部门。联邦政府和省政府分割立法和行政权力，同时应有双方共享权力。（3）设立最高法院，最高上诉权属于最高法院。最高法院有释宪权，有权审判违反宪法的国家高级官员，取消司法和行政合一的制度。最高法院有权裁决联邦政府和省政府之间的权力划分争端。[③]

事实表明，尼赫鲁在印度独立前夕已对发展印度民族经济，实现工业化，使印度成为一个"有声有色的大国"有所考虑。正如他在《印度的发现》一书中认为的那样，"在现代世界里，除非一个国家高度工业化，并已最大限度地发展了它的动力资源，否则……它也不能在政治上和经济上完全独立"，"一个工业落后的国家，即使它获得了政治独立，这也只是名义而已"。[④]

（二）尼赫鲁关于发展道路设想的初步形成

尼赫鲁有关印度发展道路的思想，是在长期实践积累中，逐渐形成的。

尼赫鲁在 20 世纪 20 年代初第一次不合作运动中，作为国大党工作者去农村考

---

① Jawaharlal Nehru, An Autobiography, New Delhi, 1962, p. 266.

② 林承节：《印度现代化的发展道路》，北京大学出版社 2001 年版，第 250 ~ 251 页。

③ Sclectcd Works of Jawahalarl Nehru, Oriental Longman Ltd, Vol. 8, 1974, p. 602.

④ 尼赫鲁：《印度的发现》，世界知识社 1956 年版，第 539 ~ 540 页。

察，看到了印度农村最为真实的图景，于是，他从民族运动角度看到了解决农民问题的迫切性和必要性，号召“到农村去”。在1926年去欧洲之前，尼赫鲁主持国大党联合省委员会制定了一个土地纲领，其中宣布现行的土地制度必须废除，国家和耕种者之间不应有中间人。但到1928年，他已经讲到有偿没收有产者财产的问题，反对地主过分压榨农民，这表明尼赫鲁思想上已考虑到未来要取消地主土地所有制。不过，在这一时期尼赫鲁并未形成具体的关于解决土地的方案，对农村改革或土地改革的目标还是模糊的，并且方式也是不确定的，只是呼吁国大党领导层要重视农民问题。20世纪30年代，尼赫鲁才提出了如上文所述的废除柴明达尔制等主张来。

1923年，联合省国大党会议上，尼赫鲁就已提出了印度独立的主张，阐述了印度完全独立的若干理由。1927年，尼赫鲁出席了布鲁塞尔被压迫民族反帝大会后，他在思想上已形成了具体内容，目标也更加明确。1927年尼赫鲁在马德拉斯国大党会议上提议：“本大会宣布印度人民的目标是独立，完全控制国家的国防力量、财政经济政策和对外关系。大会要求印度人民的这个权利立即得到承认，并付诸实施，特别是完全撤走外国占领军”。[①] 大会最后通过决议宣布，印度人民的目标是完全的民族独立。在这次大会上，尼赫鲁被选为国大党主席，迈向了印度政治舞台的中心。此时，尼赫鲁已形成了未来印度共和政体的设想，在马德拉斯会议期间，他主持了一次共和会议，在主席致词中他说，“重要的是建立某种组织，为国家的共和理想作准备。世界业已采纳了共和体制。”[②] 1929年，尼赫鲁当选为国大党拉合尔会议主席，自此奠定了他在印度民族运动中的领袖地位。尼赫鲁宣布：“独立对我们意味着从英帝国主义手中获得完全独立”。在尼赫鲁主持下，拉合尔大会通过了争取印度完全独立的行动决议，并且把1930年1月26日定为“印度独立日”。

尼赫鲁主张政治自由与社会经济变革不可分割。为了争取真正的政治独立，必须进行全面的社会改造，建立一个理想的社会主义社会。在这个社会里，科技和工业化是消灭贫困的关键，生产将以合作而不是以竞争为基础，更重要的是每个人将根据自己的能力而自由发展。为此，尼赫鲁主张实行生产资料社会所有，国家控制事关国计民生的主要工业，土地尽可能由耕种土地的农民所有。[③] 在尼赫鲁的努力下，孟买全印国大党委员会在1929年通过了社会变革的行动纲领。尽管会议认为在现阶段没有必要，但仍接受了尼赫鲁提议的联合省国大党委员会决议序言：“本会议认为，印度人民的巨大贫困和灾难不仅由于外国对印度的剥削，而且由于外国统治者为了继续他们的剥削而支持的社会经济结构。因而，为了消灭贫困和灾难，为了改善印度人民大众的状况，必须对社会的目前经济和社会结构进行革命性变革，消灭所有不平等。”这也是国大党历史上第一次接受了必须对社会经济结构进行革命性变革的决议。1931年，国大党卡拉奇会议通过了《基本权利决议》和《经济与社会变革决议》，其中规

---

① Selected Works of Jawahalarl Nehru，Oriental Longman Ltd，Vol. 8，1974，Vol. 3，p. 384.

② Selected Works of Jawahalarl Nehru，Oriental Longman Ltd，Vol. 8，1974，Vol. 3，p. 7.

③ 尼赫鲁著，张宝芳译：《尼赫鲁自传》，世界知识社1956年版，第255~256页。

定：言论、信仰、思想和集会自由；不分种姓、宗教或性别，法律面前人人平等；保护地区语言和文化；消灭不可接触制和种姓制；世俗国家；成人普选权；初级义务教育；产业工人的“生计工资”，限制工作时数，失业和老年保险；保护女工，提供充足的产假；禁止雇佣学龄儿童；工人有权组织工会；累进所得税和遗产税；削减地税和地租；主要工业和公共设施、矿产、铁路、水路、航运实行国家所有或控制。而《卡拉奇决议》的通过，表明尼赫鲁社会经济思想首次被国大党最高会议所采纳的具体例证，决议在当时是一个广泛的超出了纯政治目标的国大党纲领，成为印度建立社会福利的目标，之后，诸如1951年国民计划和1955年“社会主义类型的社会”决议都可以追溯到1931年《卡拉奇决议》。[①] 1933年10月，尼赫鲁发表了若干篇《印度向何处去》的组合文章，进一步阐述了他的观点。

20世纪20年代末，在苏联社会主义计划经济取得巨大成就的鼓舞下，尼赫鲁就一直鼓吹计划经济，宣称印度实行计划的必要性与可行性。尼赫鲁认为，虽然民族独立是实行计划的必要的前提条件，但他还是说，“这并非意味着我们必须等待独立后才准备发展计划经济”，“制订一个详尽计划，既适用于自由印度，同时指出在目前条件下，在国民活动的各个领域，现在就应该做什么”。[②] 经尼赫鲁提议，1938年国大党建立了“国家计划委员会”，尼赫鲁担任主席，委员会组织在全国进行调查，各分会向委员会提交报告，最后从这些报告中拟定综合报告。虽然国家计划委员会只存在了两年时间，但也因此使国大党具有了计划意识，为独立后印度实行国民经济计划开辟了道路，提供了经验。[③]

作为印度民族运动领导人之一的尼赫鲁，与更多倾向于传统文化的甘地不同，他具有一个开阔的视野，他既能用批判的眼光看待资本主义，又能跟上时代潮流，吸收新的要素，为印度找寻适合本国历史和现实的发展道路。他的努力和探索为独立后的印度准备了政治、经济和社会等方面的建国思想。

---

① Michael Brecher, Nehru : A Political Biography, London, Oxford University Press, 1959, p. 76.

② Selectcd Works of Jawahalarl Nehru, Vol. 8, Oriental Longman Ltd, 1974, p. 377.

③ 尚劝余：《尼赫鲁研究》，四川人民出版社1999年版，第16~17页。

第二章　尼赫鲁的建国思想

第一节　印度立国及其国内外形势

一、印度独立与临时政府的成立

1947年2月，英国首相艾德礼发表声明，宣布将把政权移交给印度，同年7月，英国议会通过印度独立法案（即蒙巴顿方案）。1947年8月15日，印度自治领成立，蒙巴顿任总督（为象征性的国家元首，并不拥有行政实权），以尼赫鲁为首的部长会议成为行政的决策和执行机构。尼赫鲁任总理，兼管外交、公共关系、科学研究等部门。帕特尔为副总理，兼管内政、宣传和土邦关系部。新政府成员共十四人，其中国大党八人，其他政党团体六人。尼赫鲁为代表的印度资产阶级从此正式接管了印度的政权。在印巴分治后，印度领土包括前英属印度的联合省、奥里萨、比哈尔、孟买省、中央省、马德拉斯、孟加拉省西部、旁遮普省东部、除赫儿锡特县以外的阿萨姆省、前中央直辖区以及新加入的560多个土邦，人口约为3.47亿，以新德里为首都。

自治领政府建立后，新成立的尼赫鲁政府为维护和巩固新生的政权作了不懈的努力，对英国统治印度时期的旧国家机器进行了有计划的改造，并逐步确立了一整套具有印度特色的政治体制，其中包括议会民主制度、文官制度、军事领导体制、联邦制度以及政党制度等。

二、独立之初的国际形势

印度临时政府成立以后，面临着复杂的国际形势，其中首先就是如何处理与美苏等国际大国之间关系以及应对战后复杂国际形势的问题。

随着第二次世界大战的结束，美国和苏联政治结盟的基础已不复存在，相反它们之间的矛盾日益尖锐突出。美国的经济实力在二战中得到空前壮大。战后初期，美国工业产值占了资本主义世界二分之一以上，出口贸易占三分之一，黄金储备占四分之三，是当时最大的债权国。随着第二次世界大战的扩展，美军参与到非洲、欧洲、亚洲和太平洋等地域广阔的战场，对德意日法西斯开展了一系列军事行动，同时，美国作为反法西斯战场的世界兵工厂也是名副其实的，提供了包括苏联在内的几十个国家战争所需的轻重武器、飞机等装备的相当大一部分。美军也因珍珠港事件彻底卷入战争后，军队人数急剧膨胀，军事装备迅速升级。到战争结束时，美军总数高达1212万人，拥有世界上最强大的海军和空军，海外军事基地遍布世界各地，并且美国还是唯一掌握核武器的国家。[①] 凭借在战争期间迅速膨胀起来的经济和军事实力，美国迫不及待地规划战后世界秩序，意欲掌握世界霸权。

而苏联在二战中一直是主战场，上百万平方公里的土地被一度占领并成为战场，人员、物资损失巨大，虽然取得了对法西斯战争的胜利，但付出了极其巨大的代价。另一方面，二战又给苏军提供了极好的机遇：打出国门，席卷东欧，出兵中国东北，使得苏联事实上将自己的势力和影响大大扩展到以往不曾达到过的区域。获得了战争赔偿并控制了东欧及大量的人力和物质财富，加之因胜利而陡升的民族自豪感和自信心，迅速恢复了被战争严重破坏的国民经济，大大加强了自身的经济实力。二战中愈战愈勇的数量庞大的苏联军队和前所未有的同盟阵营，使苏联政治上具有重大的国际影响而成为具有举足轻重的政治大国。1949 年 8 月，苏联成功爆炸了第一颗原子弹，打破了美国的核垄断。苏联以强大国力为后盾的世界政治存在成为美国称霸世界的最大障碍。[②]

与此同时，第二次世界大战客观上也促使了殖民地、半殖民地人民的觉醒，掀起了民族解放运动的高潮。在第二次世界大战期间，交战双方以及广大被占领区域的人力、物力参与其中，一方面是广泛动员，受到二战军事训练的人员数量巨大，另一方面是民族解放思想得到了迅速传播。战后，殖民体系再也无法维持原来的秩序，广大殖民地蓬勃开展和平与军事手段交替的斗争，一个个被压迫被奴役的民族赢得了独立和解放。20 世纪五六十年代在亚洲、非洲先后有大批的国家赢得独立。新独立的国家要采用他们相近的政治经济体制模式，巩固民族独立。同时，这些国家还共同面临美苏互相争夺势力范围的外部环境。

1947 年 7 月，乔治·凯南在美国《外交季刊》上发表著名的《苏联行为的根源》一文，为杜鲁门主义做理论上的阐述，提出对苏联进行长期遏制的战略思想。他说，“美国必须继续在政治舞台上把苏联看作是对手，而不是伙伴”[③]。1947 年6 月和 1949 年 1 月服务于冷战服务的马歇尔计划与“第四点计划”先后出笼，后者的目的就是争夺第三世界落后地区，进而控制广大的亚、非、拉中间地带。杜鲁门宣称：这是一项由美国提供技术援助的崭新的大胆的计划，以改善落后国家生活水平。他说：“第四点计划是我们对受共产主义统治威胁的国家援助的具体表现。第四点计划是和我们保证这些国家在衣食住等条件方面得到适当改善，从而与防止共产主义在自由世界扩张的政策相辅相成的。”[④] 1949 年 8 月和 1955 年 5 月北约与华约的建立，标志着以美、苏为首的两大军事集团最终形成。在亚太地区，印度在南亚的主要对手巴基斯坦参加了东南亚条约组织和巴格达条约组织，冷战的幽灵进入了南亚地区。印度最大的邻国中国，共产党领导的革命已于 1949 年 10 月取得胜利，中国在外交上采取

---

① 方连庆等主编：《战后国际关系史》（1945～1995），北京大学出版社 1999 年版，第 43 页。

② 陈继东：《当代印度对外关系研究》，四川出版集团巴蜀书社 2005 年版，第 10 页。

③ George Kennan，American Diplomacy 1900～1950，Chicago，1951，p. 104.

④ 杜鲁门著，李石译：《杜鲁门回忆录》，第 2 卷，三联书店 1974 年版，第 276 页。

"一边倒"的做法，1950年2月与苏联缔结同盟条约，成为社会主义阵营的一部分。冷战中的"热战"如朝鲜战争、印度支那战争等在亚洲此起彼伏。①

印度赢得独立之时，正是美国开始对苏联实施遏制、展开"冷战"的时期，对于美国的做法，苏联则针锋相对；国际局势正处于跌宕起伏的大分野大组合的关键时期。

三、独立之初的国内形势

独立之初的印度，国内形势同样十分复杂。国家整合、解决教派冲突、发展生产、制定发展规划等问题，千头万绪摆在了尼赫鲁及其印度政府面前。

在国家整合方面，英国殖民统治时期，英国奉行"分而治之"政策，在印度实行省邦并存制度，约有20个省直属英国殖民当局，565个土邦由封建王公统治。这些土邦王公是世袭君主，享有各种独立大权，在各自的邦国中实行残酷落后的封建统治，成为分裂落后势力的坚实堡垒，严重阻碍着印度的统一与发展。印度独立后所面临的重大问题就是消灭土邦制，废除封建王公的特权，统一行政区划。②

在工业体系和生产发展方面，1946年在印度的工业总产值中，纺织工业产品占64%，钢铁、机械、化学、水泥等重工业产品只占16.48%；工厂集中在孟买、加尔各答等少数沿海城市，内地较少；重工业基础薄弱，特别是缺乏机械制造工业，新建工厂的设备绝大部分依靠进口等。这样，虽说独立前印资和英资工业在一起形成了一个粗略的体系，但它在门类配套、生产布局上也都存在着严重的问题，没有心脏部门，因而是严重残缺不全的。

独立前印度工业产量虽然在世界排名第十，在亚洲仅次于日本，但和发达国家相比，还是很落后的。1947年印度钢产量为150万吨，美国是8，760万吨，英国是1，660万吨，日本是450万吨。总之，印度独立时工业虽有一定的基础，但这个基础是非常薄弱的。

在农业发展基础方面，英国统治时期，为了适应宗主国对原料的需要，大量土地用来种植经济作物，粮食种植面积日益缩小，造成独立前一段时期年年粮食短缺，依靠进口补足。大量原料出口使农业商品化程度日益加深，但是在农业上极少投资，技术极少改进，经营方式没有变化，因此，农业产量没有多大提高，农村的贫穷落后依然如故。据美国学者乔治·布林研究，1891—1947年，印度粮食产量年平均增长率为0.11%，而同期人口年增长率为0.67%。广大农民和农业工人遭受地主和高利贷者的沉重剥削，大部分人经常处于半饥饿状态。农业落后是殖民统治造成的最突出的恶果之一。③

独立时，印度全国人口的85%依靠农业为生，农业劳力占总劳力的70%，农业的发展更缓慢，更落后。在广大农村，封建半封建的土地关系依然占统治地位。大约

① 张忠祥：《尼赫鲁外交研究》，中国社会科学出版社2002年版，第9页。

② 尚劝余：《尼赫鲁研究》，四川人民出版社1999年版，第22页。

③ 林承节：《印度独立后的政治经济社会发展史》，昆仑出版社2003年版，第27~28页。

全国耕地的三分之一为拥有30英亩以上土地的各类地主占有，总耕地中佃耕地占二分之一以上，其中三分之一以上采取分成制，佃耕地有一半属于不在村地主。自耕农和佃农耕种的土地规模都很小，全国三分之二农民的持有地不足5英亩，其总面积不到全国耕地面积的五十分之一，许多人要靠打零工增加收入，才能维持生活。在农村，还有大量完全没有土地的劳工，人数大约4，800万，是农村的最下层。取消封建地主土地所有制，实行耕者有其田，是独立斗争中广大下层农民就已提出的迫切要求。所以自治领政府成立后，土地改革就成了当务之急。[①]

当时，印度农业人口占全国总人口的90%，但粮食却不能自给，是著名的“饥荒大国”。1947—1951年，印度每年进口粮食有200万到400万吨之巨。[②] 除此之外，尼赫鲁政府还面临印度共产党在特伦甘纳等地进行武装斗争的挑战。

在公共事业发展方面，在殖民统治下，印度国民收入和人均收入很低。到独立后的1948/1949年度，国民收入只有865亿卢比，1950/1951年度增至911亿卢比。人均收入1948/1949年度只有246.9卢比，1950/1951年度为254卢比。由于极端贫困，孩子上学对多数穷苦人家来说是可望而不可即。独立时全国文盲率高达84%，60%以上的学龄儿童进不了学校。全国56万个农村与城市间的交通主要靠泥泞土路和牛车，只有较大的城市间才有公路或铁路联结。多数居民生活条件极为恶劣，大城市中不及一半住户能够使用电力照明，小城市则更少，农村几乎没有。城市中只有四分之一有安全的饮水供应和污水排放系统；农村地区每25，000人才拥有1名医生，每50，000人才拥有1家医院。全国人口死亡率高达27%，平均预期寿命只有32岁。

另外，印巴分治打破了原有的区域经济分工，加剧了解决殖民统治带来的经济问题的难度。分治在经济方面的最严重的恶果，是使次大陆西北地区及东北地区工业和农业已形成的经济联系突然断裂，打乱了生产供销间的相对平衡。分治使几乎所有黄麻纺织厂和95%的棉纺织厂留在印度，但原料产地却大部分（黄麻）或相当部分（棉花）划归巴基斯坦。1947/1948年度巴基斯坦生产的黄麻占两国总产量的78%，棉花占40%。印度的黄麻工业和棉纺织工业失去了部分甚至绝大部分原料供应地，不得不依靠进口原料生产。分治使印度留下原来总人口的82%，但粮食种植面积只留下原来总面积的75%，而且，由于信德、旁遮普大部分大型水利工程和水浇地划归巴基斯坦，印度只留下原水浇地的69%，灌溉面积只占耕地总面积的六分之一，因此农业产量低下和粮食不足的问题更加突出。这一切，使得印度自治领成立后头几年黄麻业、棉纺织业生产大幅度跌落。粮食产量也大幅度降低，每年缺粮近1，000万吨。分治还造成交通的断阻和技术力量配置的失调，如东印度公司铁路骤然失去八万多员工，缺少司机一半以上，造成一定程度的运输瘫痪。[③]

在教派主义极端分子的煽动下，伴随着分治而来的大规模教派仇杀迅速展开，并

① 林承节：《印度独立后的政治经济社会发展史》，昆仑出版社2003年版，第38页。

② B. T. Ranadive, The Crisis of the Indian Economy, Bombay, 1954, p. 119.

③ 林承节：《印度独立后的政治经济社会发展史》，昆仑出版社2003年版，第28～29页。

不断升级，仇杀的野火漫遍次大陆。印、巴自治领政府不得不全力以赴处理教派残杀事务，制止并且镇压暴乱，动用一切交通工具从对方境内抢运难民以及遣送对方难民出境，而且还要安置千百万的流入难民。印度安置难民拨款6.19亿卢比，影响了对工农业的投资份额和力度。

因此，独立时，摆在尼赫鲁及其印度政府面前的一系列的问题，要求必须解决当前困难，同时又要兼顾长远发展规划。归结起来就是：第一，解决土邦问题，完成国家整合；第二，解决教派冲突以及其导致的大量难民的安置问题；第三，调整被分治打乱的工农业生产秩序，迅速恢复生产，解决迫在眉睫的经济困难；第四，着手制定发展经济的中长期规划。

四、尼赫鲁的宪政主张与立国

（一）尼赫鲁关于制定宪法的主张

1946年12月6日，印度制宪会议成立，制宪工作自始至终都是在尼赫鲁、帕特尔的领导下进行的。制宪会议12个委员会各自分别拟议宪法不同方面的内容，提出报告供全体会议讨论。尼赫鲁提出的宪法《目标决议》案，获得制宪会议通过。《目标决议》实际上是宪法内容的基本设想：其中包括印度应成为独立主权共和国，实行联邦制，国家的权力来自人民，人民享有各种自由、平等权利，保障宗教信仰自由，保障少数教派、弱势种姓和部落的权益等。这些设想都成了后来制定的宪法的根本原则。①

一般来说，宪法的刚性保证宪法确立的政治制度的稳定少变，但也带来了不能迅速适应形势随机应变的缺点。社会不断发展，要求宪法及时修正，以促进国家的进步。因此，尼赫鲁认为，“应赋予宪法一定的柔性，持久不变的宪法会阻碍民族的成长，阻碍这个朝气蓬勃的人民的成长。绝对不能赋予宪法难以适应形势变化的刚度。当今世界变动不已，我们正处于大变动的时代，今天的做法明天或许不再适用。”②其后，通过印度宪法的制定及宪法修正程序的规定等内容（从强调印度公民身份的唯一等方面，尼赫鲁着重施加了关于印度国家的统一和完整性的制宪精神③），均贯彻和体现出尼赫鲁的宪政思想。

（二）宪法的制定与印度国家的建立

1. 宪法的制定和印度宪法的基本内容④

1947年8月29日，制宪会议选举产生了宪法起草委员会，自治领政府法律部长安姆贝德卡担任主席。制宪工作于1949年11月26日完成全部程序，宪法草案在制宪会议上通过。1950年1月26日，拉·普拉沙德总统颁令宪法生效。印度宪法长达

---

① 林承节：《印度独立后的政治经济社会发展史》，昆仑出版社2003年版，第61页。

② D. C. Gupta, Indian Government and Politics, Delhi, Vikas Pub. House, 1972, p. 417.

③ V. T. Patil, Narayana, A study of Nehru's ideas, Delhi, Devika Publications, 1998, pp. 4 ~ 30.

④ 郭登皞等译：《印度宪法》，世界知识社1951年版，宪法的相关章节的内容。林承节：《印度独立后的政治经济社会发展史》，昆仑出版社2003年版，第62 ~ 71页。

十余万字（中译文），395 条，千余项具体条款。由正文和附表组成。正文分 22 篇，包括序言、联邦及其领土、联邦与各邦关系、基本权利、国家政策指导原则、基本义务、联邦和各邦公务员、紧急状态等事项，附件包括 8 个附表。

宪法以英国统治时制定的 1935 年《印度政府法》为基础架构，吸收了外国宪法的一些思想。如从英国政治体制吸收了内阁制的特点，从美国、爱尔兰、加拿大宪法中分别吸收了公民基本权利、国家指导原则和联邦制的一些思想。一般说来，宪法规定的是国家根本制度的框架，具体细节可根据宪法制定法律或依从惯例。由于印度情况的复杂性，宪法不仅规定了基本原则，还对一些方面作了很具体的规定，是世界上几部最长的宪法之一。整部宪法基本上是西方模式的联邦制和议会民主制。

宪法规定，印度联邦的宪政构成单位是邦。全国统一划分为 29 个邦，共分为四类，不同级别的邦所拥有的权限各异。联邦一级的立法权力机关由总统、人民院和联邦院构成。人民院议员由全国公民普选产生（少数名额由总统任命），任期 5 年。联邦院议员按各邦人口确定各邦名额，从各邦立法院议员中选举产生（少数名额由总统任命），任期 6 年，每 2 年改选议员的三分之一。人民院设议长、副议长，从议员中选举产生。联邦院议长由副总统担任，副议长从议员中产生。任何立法需经两院通过、总统批准方为有效。联邦的行政权力由总统及协助他的部长会议行使。

宪法对联邦和邦的职权范围作了具体划分，列出了《联邦职权范围表》、《邦职权范围表》和《共同职权范围表》。联邦、邦在一般情况下只能在自己的职权范围和共同的职权范围内行使立法和行政权力。实行联邦制适应印度政治、经济、文化多元的复杂形势，有利于调动各地区的积极性，形成多元下的统一或统一下的多元的生动活泼的局面。

宪法规定印度实行以成人普选权为基础的议会民主制，采取内阁制的体制。议会民主制在联邦和邦两级实行。议会民主制下，立法、司法和行政三权是分立的。

共和国的最高行政权名义上属于总统。由于印度实行的是英式内阁制，因此实际行使国家行政权力的是以总理为首的部长会议。总理由总统任命，总统往往指派议会多数党领袖担任总理。共和国的最高立法权属于联邦立法议会。立法议会由联邦院和人民院组成。共和国的最高司法机构是最高法院，它由首席法官和其他七名法官组成。最高法院之下，在各邦设立高等法院，再下，各邦可设立地方法院。

邦政府体制与中央政府体制大致相同。但邦政府与邦议会按照邦的类别不同，有所区别。

在议会民主制下，立法、司法和行政三权又是可以相互制衡的。宪法规定最高法院对联邦议会通过的法律有审查权，可以判定一项法律违宪。不过，宪法也赋予议会以修宪权。政府可以运用在议会中的多数，通过修改宪法的提案，使自己提出的法案和颁布的政策法规不致被判定违宪。

实行议会民主制要求有稳定的文官系统。宪法肯定了继续实行基于考试选拔基础上的文官制度。当时存在的文官系统有两个，即印度行政官系统和印度警官系统。宪法肯定了两者，并授权联邦院可以根据需要建立新的系统（以后建立了森林官员系统、工程官员系统等)。1951 年议会根据宪法有关规定制定了全印文官法。文官分为全印文官、邦文官和中央文官三类。全印文官适用的领域广泛，可在中央和全印各邦工作。文官制度要求官员必须正直、办事效率高，忠实执行政府的政策，不介于党派斗争，不受政府变动的影响。这种制度保证了政府在政党制度下政党执政不断更替的情况下行政机器运转稳定、正常，是实行议会民主制必需的。

印度宪法确立了世俗主义的国策。独立前的印度惨遭英国统治者挑起的教派主义的蹂躏，独立后必须彻底根除这一祸害。虽然“世俗化”的字眼没有在最初的宪法中出现，但宪法通篇都贯彻了要建立一个世俗国家的精神。宪法规定，国家对所有宗教一视同仁，实行宗教信仰自由，宗教和政治脱离，不能以宗教为由对公民的任何权利有任何歧视。国家出资兴办的学校不允许开设宗教课。宗教信仰是私人的事。各教派可自由传教、办学、拥有财产，政府不加干涉。在存在多种宗教的情况下，宪法制定者们决心在印度营造一种宗教和睦共处的祥和气氛，以利于国家和社会的进步发展。

宪法规定公民享有一系列根本权利，包括在法律面前人人平等以及依法享有言论、集会、结社、迁徙、选择职业的自由等，禁止基于宗教、种族、种姓、性别和出生地为由的任何歧视，公民担任公职的机会平等，私有财产权受到保障。宪法规定取消不可接触制。为了扶助表列种姓和表列部落这两部分境况最差的社会弱势群体，使他们尽快改变现状，积极参与国家政治生活，宪法还特别规定，在十年内为这两部分人按其人口比例保留一定的人民院的席位和邦立法院的席位。

宪法还辟有专章规定了国家政策指导原则，其目的是指明国家政权为实现社会公平原则应做的努力。这方面的规定不带司法强制性质，但任何政府在制定政策时都必须以之为指导。这些原则包括：国家应有效地建立能够实施社会、经济、政治的社会秩序，应同样地保障男女公民都享有适当的生活手段，物资资源的占有和分配应最大限度地满足大众需要，经济制度的运作不应使生产手段和财富集中于少数人手中。实现充分就业，实行男女同工同酬，人人有受教育的权利，保障工人最低限度工资和人道的工作条件，维护老弱病残的权益，组织农村潘查雅特，使其成为自治单位等。没有规定这一部分具有强制性质，显然是因为这些都属于长期性任务，需要随着经济的发展制定具体的政策逐步实现，不是在宪法上作出规定就能立即解决的问题。而制定什么样的政策，不同的政府会有不同的认识，不能强求一致；且政策有时限性，会随着形势变化而变化，不宜在宪法中预先具体规定。

宪法还对联邦官方语言问题做了规定。印度流行数百种地方语言，大语种就有 14 种。使用人口最多的是印地语，但没有一种语言在全国通用，所以宪法规定，以使用人口最多的、用天城体书写的印地语作为联邦的官方语言。同时规定，在未来 15 年内，英语将在联邦官方继续使用。15 年后是否继续使用由联邦议会决定。至于各邦选择哪种地方语言为自己邦的官方语言由各邦立法机构自行决定。但在与联邦的交往中以及邦际交往中必须使用联邦的官方语言。

宪法规定，总统是全国武装部的最高统帅。总统应由政府总理和国防部长协助行使权力，重大决策必须以议会通过的法律为依据。

关于宪法的修正程序，印度在宪法第 368 条作了明确规定：只有议会两院才能提出宪法修正的倡议法案，当该法案在两院中分别以全部议员的多数和不少于全部议员的三分之二多数出席和表决通过后，可以提交总统批准，一旦得到总统的批准，宪法就将根据法案进行修正。假如宪法的修正涉及第 54 条、第 55 条、第 73 条、第 162 条或者第 241 条、第五部分的第 4 章、第四部分的第 5 章、第十一部分的第 1 章、附表 7 等有关总统选举、联邦行政权、邦行政权、中央直辖区高等法院、联邦司法、高等法院、联邦与各邦立法关系、联邦与各邦职权表、各邦在议会中的代表以及宪法修正的条款时，在相关法案送呈总统批准前必须要有二分之一以上邦立法机关以有效决议案的形式加以通过。

这样，印度宪法的条款由于修正方式的不同可以分成三类：一些条款只要有议会中的简单多数通过就能加以修正，一些条款则需要议会两院全部议员的三分之二出席和表决并得到两院全部议员的多数赞成才能加以修正，还有一些条款除了要得到议会两院三分之二多数议员的赞同外，还必须得到多数邦立法机关的批准才能加以修正。可以看出，印度宪法的修正程序在某种意义上说是柔性的，从另外的意义上说又是刚性的。尽管议会有权决定大部分宪法条款的修正，但是当宪法的修正涉及各邦的利益时也给予了各邦立法机关一定的决定权。

印度宪法还规定，当发生战争、外敌入侵或武装暴动，邦宪政机制解体，印度及各邦财政和信用出现危机等突发事件时，总统有权宣布国家进入紧急状态。在紧急状态下，宪法中关于联邦和公民基本权利的条款中止生效，联邦政府的权力此时不受宪法条款的约束。当总统认为某一邦政府不能履行其职能时，有权解散该邦政府并可将该邦置于联邦政府的直接控制之下。

印度宪法是甘地、尼赫鲁等人领导印度民众为实现国家独立、民族发展而长期坚持斗争和实践的结晶，也是他们的资产阶级政治理想的具体化。通过上述较详细的宪法的有关组成可以看出，这是一部较为民主的宪法，主要是保障资产阶级的利益，同时也反映了作为资产阶级政治家尼赫鲁等人关心改善下层人民生活条件，以及对下层人民政治地位的一定程度的重视，构建基础广泛。

2. 印度国家的建立

1950 年 1 月 24 日制宪会议上，选举拉·普拉沙德为印度首任总统，1 月 26 日就总统职，同日颁布总统令，宣布印度是主权的民主共和国，采用联邦制，全印行政区共划分为 29 个邦。

根据印度宪法关于联邦和邦议会选举的规定，1951 年 10 月 25 日至 1952 年 2 月 21 日进行了首届联邦人民院和首届邦立法院选举，这在印度历史上是第一次全国性的选举。由于实行成人普选权，全国登记的年满 21 岁的选民达 1.73 亿人，他们第一次不分性别、宗教、种姓、社会地位，直接参与了国家政治生活，实现了宪法赋予的权利。

大选产生了印度总统、副总统，拉·普拉沙德继续被选为总统，著名梵文学者、哲学家拉达克里希南被选为副总统。于是，总统授权由人民院的多数党国大党组成联邦部长会议，成立了共和国首届政府，尼赫鲁被任命为总理。1952 年 5 月 13 日，新政府成员在总统主持下宣誓就职。新政府由 15 名内阁部长和 4 名国务部长组成，后来又增加数名副部长。内阁部长是部长会议中的主要成员，经常举行会议，限 15 人。国务部长不出席内阁经常性会议。新政府和自治领政府不同，是清一色的国大党人，都是尼赫鲁亲自挑选的。大选后各邦也成立了邦部长会议。由于国大党是大选的独家胜利者，各邦首席部长多由国大党地方组织的领导人担任。邦长由总统指派，也多为国大党和亲国大党的政治家和社会著名人士。由原土邦构成的邦，其宪政首脑由土邦王公或王公主席团会议主席担任，直到 1956 年邦改组。[①]

原先，印度自治领是民主体制和王朝体制共存，把土邦整合进印度统一的行政体制中，土邦自行制宪和内部自治的权力也同时自行消失。同时，印度为了对土邦王公实行必要的抚慰，宪法规定原有王公可得到一笔年金，数额视其原来收入而定。王公原先享有的一些经济和礼仪的特权，予以保留。[②] 如此，较快地解决了土邦的整合问题。从此，印度不仅是全国行政区划的统一，而且是政治体制的统一，印度实现了完整意义上的独立，实现了民族解放的政治目标。

一个民族国家要实现真正意义上的独立和解放，不仅是政治意义上的，还需要有经济、科技教育等支撑。印度在尼赫鲁及其政府的带领下，实施土改，实现工业化，制定和实行五年经济计划等举措，就是为了独立自主、自力更生的目标不断努力。

第二节　尼赫鲁建国思想的主要内容

一、民主主义

在英国留学期间，尼赫鲁就受到西方人道主义、议会民主和各种政治学说的影响。他认为，一个民主的国家必须建立一种良好的社会结构，以保障个人的自由发展并促进其人生价值的实现。他在《世界历史的一瞥》中，多次论述到人的思想自由、写作自由和意识自由。在民族独立运动过程中，他的奋斗目标一直就是把印度建成自由民主的社会。

1946 年 12 月 13 日，在印度制宪会议的第一次会议上，尼赫鲁提出了著名的《目标决议》，这个决议确定了印度宪法的基本方向和目标。他在这个决议中着力强调，印度作为“主权的共和国”将保证全体人民思想、言论、信仰、崇拜、结社、集会和行动的自由。独立以后，他领导印度政府制定了宪法，规定了公民的合法权利，并实行议会民主、多党制和成人普选制等一系列制度，以确保社会的民主与平等。尼赫鲁虽然深受西方民主思想的影响，但并不是照抄西方的政治民主模式，而是根据印度的具体国情，对民主概念做出阐释，创造出一套具有印度特色的民主及其

① 林承节：《印度独立后的政治经济社会发展史》，昆仑出版社 2003 年版，第 79 ~ 81 页。

② 林太：《大国通史：印度通史》，上海社会科学院出版社 2007 年版，第 347 ~ 348 页。

制度。

尼赫鲁强调个人自由并不是无限制的自由或绝对自由。他认为在一个民主社会里个人的自由并不是无限的，而是要受到某种限制，以使它不会干扰其他人的自由。一个人的自由要和其他人的自由，甚至和整个社会生活相互协调、相互平衡，只有这样，社会才会是和谐统一的。1951 年，他在一次议会会议上讲："在一个民主的社会中，个人自由的观念必须与社会自由、个人与社会群体的关系相均衡。一个人的自由不应当侵犯其他人的自由。"另外，他还提出只有通过法律的手段，才能保证个人的自由与社会相和谐。个人的自由需要法律的保护，但是个人的自由也必须限制在法律允许的范围之内；一旦个人的自由超出了法律的范围，那他就要受到法律的制裁。法律可以制止那些极端利己主义者的行为，以维护社会的正常秩序。

尼赫鲁说："我们所承认的唯一的最终权威和最高的权力就是人民的意志，最终起作用的唯一的事情乃是人民的利益。"① 在他看来，表达印度人民愿望的最重要的途径，就是通过制宪会议来制定一部体现人民意志和权利的新宪法。首先，通过民众选举的办法选举出制宪会议的代表；然后，必须组织好制宪会议，最大限度地代表民众，制定出一部体现人民意志的宪法。通过制宪会议制定新宪法，是通过民主的方式解决印度政治和社会问题的唯一途径。民众的主权还表现在人民有权对政府的行为进行监督。人民的这种权力只能通过他们选举出的代表来表达。按照印度新宪法的规定：国会议员是人民选举出来的，国会有权修改宪法并有权监督政府。政府的一切重大政策一定要得到国会的批准，政府各部部长有责任就重大问题向国会报告，并回答议员的质询。国会有权通过对政府的不信任案，迫使不负责任的政府辞职。②

"一般来说，民主意味着政治民主，赋予每个人以选举权。"③ 尼赫鲁主张，选举是民主政治程序中重要而不可分割的一部分，是不能舍弃的。人民参政的权利只有靠选举来体现，通过选举可以反映出全体选民对国家重大事务的观点，也可以使选民选出他们信任的代表。政治民主就是建立在人民对国家大事、对选举代表的浓厚兴趣之上的。他深知选举也有弊病，并不是每一次选举人们都能成功地选出反映自己意愿的代表。克服选举弊病的一个重要方法，就是扩大选举人的范围，采取成年人选举制。所谓"成人选举制"，是指所有成年人，不分男女，不受任何财产资格和教育程度的限制，一律都有选举权。绝不能因为财产少和教育程度低，而剥夺一些人的选举权。那些不识字的农民在农村的问题上，可能比受过教育的知识分子更有发言权。

他认为，在民主政治中政党的作用是不能忽视的。一个组织良好的、对人民负责任的政党，无论对于政府，还是对于选民，都是不可缺少的。因为民选的政府都是通过政党来组织，通过政党来行使权力的，所以一个对人民负责任的政党对于组织好政府、管理好国家是十分必要的。各个政党在竞选之中把自己的纲领公布于众，并且宣

---

① Jawaharlal Nehru, The Unity of India, London, 1948, pp. 31 ~ 32.

② 郭登皞等译：《印度宪法》，世界知识社 1951 年版，宪法的相关章节内容。

③ Jawaharlal Nehru's Speeches, Vol. 3, New Delhi, 1958, p. 150.

传自己纲领的优点以及其他政党纲领的不足，这样就可以帮助选民做出自己的选择，并促使他们监督各政党纲领的实行。此外，他还认为一个社会中有各种不同的观点和意志，这些观点和意志只能通过多个政党才能充分表达出来。因而他赞成多党制，认为当一个政党执政时，其他政党进行监督是完全必要的。①

他指出要实现真正的民主，光有政治上的自由平等，还是远远不够的。如果一个人没有经济上的平等权，那么这种政治平等也会伴随着投票的结束而化为零。经济的平等与政治的平等是同样重要的，没有经济上的平等，政治上的自由平等就毫无意义。1952 年 12 月 15 日，尼赫鲁在议会上发表讲话："真正的自由不仅仅是政治的，而且必须是经济上的和精神上的。只有到那个时候，人才能够发展并实现自己的尊严。"

尼赫鲁所追求的"社会平等"，就是指"机遇均等"，即每个人不分民族、宗教、种姓和肤色的差别，都能获得充分发展自己的同等机遇。人的平等权利包含于生活的各个方面——政治的平等、经济的平等、社会的平等和文化的平等等。生活是一个整体，生活的各个方面是相互影响的；假如一个人在社会方面享受不到平等的权利，那么也会影响到他在政治和经济方面的平等权利。因而，在民主的概念中，社会的平等也是不可忽视的。在他看来，今天的印度社会中还存在着许多的社会差别和歧视，如教派之间的歧视、种姓之间的歧视以及对山区部落民的歧视，等等。这些社会的不平等严重地阻碍着印度的民主进程。为了促进印度的社会平等，尼赫鲁领导的政府采取了各种措施，以消除社会差别和歧视，保护低级种姓和落后民族的地位和利益。值得一提的是，关于保留制度的设置，就是对落后阶级和弱势群体在政治生活当中保护他们的利益的一种有力举措，这在西方民主政治体制当中就不多见。②

他认为民主最终乃是实现人生价值的一种手段或方法，因此在民主的概念中除了包含个人自由、政治和经济的平等之外，还应当包含广大民众的自我教育和自我修养。他所说的"自我修养"，是指广大民众都必须接受必要的教育，自觉地进行训练和修养，从而提高全社会的道德和精神水平。在他看来，民主在本质上需要高质量的人，需要自我修养高的人；在一个道德水平不高的社会中，是不可能实现真正的民主的。因此，高尚的道德和精神修养乃是民主社会不可缺少的东西。在意见不统一的情况下，经过讨论以后，少数人的观点应当服从多数人的观点，就是高尚道德修养的表现。所以，他说："你可以从一百个方面给民主下定义，但是其中肯定有一个定义就是民众的自我修养。被迫的训练和自我的修养越充分，民主的发展水平就会越高。"③

二、社会主义

尼赫鲁在国大党内关于社会主义原则的形成和提出有个过程。1929 年尼赫鲁在国大党拉合尔会议主席发言中，提出了自己较为明确的改变柴明达尔地主土地制，实

---

① 刘建，朱明忠，葛维钧：《印度文明》，中国社会科学出版社 2004 年版，第 539 ~ 540 页。

② 刘建，朱明忠，葛维钧：《印度文明》，中国社会科学出版社 2004 年版，第 540 ~ 541 页。

③ Vishnoo Bhagwan, Indian Political Thinkers, Delhi, 1976, p. 153.

行农民所有权的主张。具有社会主义内容的政纲最早形成于 1931 年国大党卡拉奇会议《关于经济政策和基本权利的决议》（卡拉奇决议）中。尼赫鲁说："卡拉奇决议案通过倡导关键工业和服务业的国有化，削减穷人负担和相应增加富人负担的其他各种措施，向社会主义方向迈出了一小步。"① 但社会主义一词最早出现于国大党正式文件是 1947 年，这年的 11 月，国大党全国委员会发表《第三条道路》的声明，提出印度要建立"社会主义类型"社会的政治目标和经济纲领。

以尼赫鲁为代表的国大党内的社会主义派，是 20 世纪 30 年代提出建立社会主义社会的一批人。国大党内的社会主义派，包括有组织的国大社会党人和没有参加这一组织的社会主义者，如尼赫鲁等，尼赫鲁是基于团结全党的考虑才没有参加国大社会党派，但其被认为是国大党内社会主义派的主要代表人物。尼赫鲁是国大党内最早提出社会主义主张的人之一，他认为唯有社会主义能够救印度。1936 年他说："我相信，解决世界和印度问题的唯一途径是社会主义。……除了社会主义外，我看不出有任何别的办法可以消除印度人民的贫困、大量失业、堕落和屈辱。"② 国大社会党作为国大党内的一个派别，在组建伊始，就明确地把建立民主社会主义作为其宗旨。社会主义的理想，社会主义的口号，在独立斗争时期，对激励广大群众参加独立斗争起了重大作用。他们主张的社会主义有其自身的含义，即关键工业实行社会控制或国有化；在分配方面，通过国家计划控制和政策调节缩小贫富差距，实现社会公平；在政治方面，主张实行多党竞选的议会民主制。并认为只要国大党把这种主张确立为自己的纲领并贯彻执行，这样的社会主义就能在国大党领导下实现。针对有人对这种社会主义的质疑，尼赫鲁后来在 1952 年辩称："我并不打算成为一个受社会主义字面意义束缚的社会主义者，我也相信社会主义并非任何特殊集团的垄断物。"③

1933 年至 1936 年，尼赫鲁的社会主义观念在许多方面接受了马克思主义的观点。1933 年 10 月，他发表了一组题为《印度向何处去》的文章。这一时期，尼赫鲁宣布信奉科学社会主义，即马克思主义理论，主张消灭资本主义和地主的私有制，并以合作制度来代替目前的资本主义制度。他说，社会主义社会意味着生产的极大增长和机会均等。

尼赫鲁及国大党社会主义派主张印度走一条自己独特的社会主义道路，广大工农群众非常支持。大资产阶级和自由派地主都主张走西方资本主义道路，不愿意对现存所有制进行变革。各个利益集团不同的定位，因而产生了意识形态上的尖锐冲突。当冲突发展到使国大党面临分裂的危险时，尼赫鲁只得从激进立场上后退。他最终使国大党同意为印度选择一条折中主义的中间道路。④

国大党要建立的社会主义类型社会，中心是强调主要生产资料为社会控制以及公

---

① Jawaharlal Nehru, Jawaharlal Nehru, An Autobiography, New Delhi, 1962, p. 266.

② Jawaharlal Nehru, India and the world, London, 1936, p. 83.

③ Sarvepalli Gopal (ed), Jawaharlal Nehru: An Anthology, Oxford University Press, 1980. Vol2, p. 203.

④ 林承节：《印度现代化的发展道路》，北京大学出版社 2001 年版，第 33 ~ 34 页。

平分配。前者意味着基础工业和关键工业国有或由国家监督，后者意味着改善下层人民的经济地位，不使财富过分集中。这其实也就是尼赫鲁 1936 年以后的基本主张和国大党社会主义派的一贯主张。这样的社会主义并不改变资本主义所有制，只是要建立一个强大的公营工业成分，限制私营企业的经营范围和活动领域。公营重工业的建立特别是基础设施的加强对私营企业的发展是有利的，因为这些部门需要的资金多，收效慢，是私人企业家既无力也不愿投资的，所以一些大资产者独立前就要求这些部门由国家承办。这样发展国营企业资本家能接受，在这样的社会主义条件下，私营企业仍然有很大的发展空间。至于公平分配，只要不改变生产资料所有制，对资本家就不构成直接威胁，相反却有利于减少工农运动，所以，这也是资本家都能接受的。①

印度独立后，尼赫鲁促成国大党全印委员会 1954 年 7 月会议通过《计划发展》决议，其中提到要逐步把国家经济改造成“社会主义的经济”。这是党的纲领性文件中首次使用“社会主义”的词语。同年 9 月，在给首席部长们的文件中，尼赫鲁对社会主义经济作了解释。他说：“我们的目标是最终建立社会主义经济。我不是就任何学说意义上而是从广义上使用这个词。”② 1954 年 11 月尼赫鲁的中国之行，亲眼见到中国社会主义建设的巨大成就，更坚定了他确立社会主义目标的决心。回国不久，尼赫鲁就在国家发展委员会的会议上公开表示，他心目中的印度未来的发展前景是社会主义的社会。关于社会主义社会的含义他解释说：“我不是在教条意义上使用这个词，我的意思主要是生产手段应该属于社会所有并为了整个社会的利益受到监督，有很大的余地留给私人企业，只要主要目的明确。”③ 同年 11 月，他建立了一个机构，要求该机构对未来社会主义社会的模式提出设想。12 月，他又使国大党占多数的人民院通过一项决议，其中说：“我们的经济政策目标应是建立一个社会主义类型的社会。”

1955 年 1 月，国大党阿瓦迪年会通过了《关于建立社会主义类型社会的决议》。决议指出：“为了实现国大党党章第一条规定的目标，实现宪法序言所体现的民主精神和国家政策指导原则，计划的制定应以建立社会主义类型的社会为着眼点。在这个社会里，主要的生产资料为社会所有或为社会所控制，生产应逐步发展，财富应公平分配。”④ 又说：“我们全民的任务是建立福利国家和社会主义的经济。”在稍后公布的第二个五年计划文本中，对“社会主义类型社会”的含义作了进一步的解释：“社会主义类型社会的最根本的意思就是，决定发展路线的基本标准必须不是为私人利益考虑，而是要有利于社会；发展模式和社会经济关系结构的设计不仅是为了国民收入和就业最终得到显著增长，而且要使收入和财富的占有更加公平。”⑤

1955 年，尼赫鲁郑重提出了在印度建设“社会主义类型社会”的理论，这是尼

---

① 林承节：《印度史》，人民出版社 2004 年版，第 418 ~419 页。

② Sarvepalli Gopal (ed), Jawaharlal Nehru: An Anthology, Delhi: Oxford University Press, 1980. p. 231.

③ Jawaharlal Nehru's Speeches (1952 ~1956), New Delhi, 1958, p. 17.

④ 林承节：《印度史》，人民出版社 2004 年版，第 418 页。

⑤ Government of India, Planning Commission, The Second Five Year Plan, Delhi, 1956, p. 23.

赫鲁社会主义思想最集中的体现。所谓“社会主义类型社会”，不同于一般的社会主义，是一种颇具印度特色的理论。实际上，这种理论是尼赫鲁将他理解的社会主义与西方资本主义的某些东西以及甘地的非暴力主义相结合的产物。

尼赫鲁认为，在“社会主义类型的社会”中不仅要提高人民的物质生活水平，而且要提高人民的精神和道德水准。在他看来，资本主义社会的特点是竞争和唯利是图，在这种社会中人和人之间的关系是尔虞我诈、钩心斗角，人们在精神上缺乏安全感，常常处于紧张状态或某种病态之中。而社会主义不仅要改造资本主义社会的经济和社会结构，而且要改造人们的思想意识和道德观念。因此，在他所倡导的社会主义社会中，人们必须培养一种合作的精神、无私奉献的精神、为社会服务的精神和仁爱的精神，要用这种合作和无私奉献的精神来取代唯利是图、贪得无厌的思想，只有这样人们在精神生活上才能真正享受到欢乐和幸福。但是，尼赫鲁强调，培养人们合作精神和无私奉献精神的过程是一个艰难的长期的过程。[①] 他说：“关于社会主义可以说很多，但是我想强调一点。资本主义的整个结构是以某种贪得无厌的社会为基础的。从某种程度上说，也许贪得无厌的倾向是我们身上固有的本性。但是，社会主义社会必须摆脱这种贪得无厌的倾向，要用合作的精神来取代它。你不可能用某种法律的办法即刻产生这种变化。这里肯定有一个长期教育人民的过程，没有这个过程你不可能完全成功。”印度最大的资本家G. D. 比尔拉就说：“只有在国大党的社会主义类型社会里，印度资本主义才能生存。”[②] 从本质上说，尼赫鲁确定的“社会主义类型的社会”就是走“中间道路”，即介于社会主义和资本主义之间，实属于资产阶级小资产阶级的社会主义类型，后来，被尼赫鲁称为“民主社会主义”。

三、世俗主义

世俗主义一般指“宗教与政治、经济和大部分的文化相分离，并视宗教为个人私下的事务。在多宗教的社会里，世俗主义还意味着政权对包括无神论在内的所有宗教持同样的尊重态度。”[③]

印度是个历史悠久的宗教大国，99.36%的人口是当今印度七大宗教的忠实信徒。[④] 在印度这样一个宗教气氛浓厚的国家，宗教在古代和中世纪时期全面地影响着其社会历史的发展进程。印度教是印度的主要宗教，中世纪时期进入印度次大陆的伊斯兰教是印度的第二大宗教。其他宗教，如佛教、耆那教、祆教、锡克教、基督教等，也活跃于不同的历史时期和不同的地域，对社会发生着不同的影响。在伊斯兰教传入前，不同宗教多为和平竞争，宗教压迫的情况很少。伊斯兰教传入后，因为它被定为国教，于是出现了统治和被统治的宗教，出现了宗教压迫。印度教的情况很特别，它虽然在历史上对其他教不搞宗教压迫，但内部的歧视、压迫却十分突出。不仅

① 刘建，朱明忠，葛维钧：《印度文明》，中国社会科学出版社2004年版，第546页。

② Amrita Bazar Patrika, January 20, 1955.

③ Bipan Chandra, Essays on Contemporary India, Har-Anand Publications, 1993, p. 21.

④ 陈峰君：《印度社会述论》，中国社会科学出版社1991年版，第127页。

残酷地压迫贱民和低种姓，而且妇女的地位十分低下，受到种种歧视，甚至是非人的待遇。①

殖民地时期，印度在反对种姓压迫、反对性别歧视，解放贱民和妇女的社会世俗化进程方面取得了一定的进展。一方面，英国殖民统治在印度实施的含有某些西方人道主义和理性精神的立法和行政措施，客观上促进了社会世俗化进程的展开；但殖民者总是想方设法地把世俗化进程引导到延续殖民统治的轨道上去，如殖民当局充分利用印度的教派矛盾，实行穆斯林单独选举区制，结果使得教派政治无限地膨胀起来，最后肢解了印度。另一方面，印度的民族独立运动为社会世俗化的深入进行提供了最有力的支持，在一定程度上克服了殖民统治政策的负面影响。殖民地时期社会世俗化进程所取得的成就，为独立后的印度解决这一历史问题，打下了一个较好的基础。②

在新宪法起草以前，尼赫鲁主持制订了《目标决议》，成为指导起草宪法的大纲，决议提出宗教平等，信仰自由，对“少数教派提供充分保护”。以尼赫鲁为首的多数人在印度制宪会议辩论会上，主张建立世俗政体，保护所有宗教，给每个宗教以自由，反对设立国教，并对部分人要求宪法体现印度教政体特征的建议予以否决。印度宪法充分体现了尼赫鲁政治思想的基本原则，确立了印度共和国的世俗民主性质：不设国教；政教完全分离；在世俗原则基础上开办学校；保证个人和团体的宗教自由；确保一切公民社会、经济和政治正义；法律面前人人平等，保证公民思想、言论、信仰、结社等自由，等等。③

尼赫鲁指出：印度所建立的世俗国家，并不是不允许各种宗教的存在和发展，而是保证一切宗教都能自由发展，甚至保证不信仰宗教者即无神论者的自由。在处理宗教事务中，世俗国家保持中立的态度，决不偏袒某一宗教而打击其他信仰，也不允许某种宗教凌驾于其他宗教之上。把一切宗教都放在“正常的政治和社会生活水平上”，一视同仁，公平平等对待之。尼赫鲁反复讲：“我们在我们的宪法中宣布，印度是一个世俗的国家。这意味着给一切信仰以同等的尊重，给一切信仰的人以同等的机遇。”“我们将建立一个自由的，世俗的国家。在这个国家中任何宗教和信仰都享有充分的自由，受到同样的尊重。”尼赫鲁认为印度教种姓制度支配的社会“不是真正世俗的社会”④。对于印度宗教种姓制的不可接触制度，认为是“人性的堕落，它助长了一个阶级对另一个阶级的剥削”。⑤

四、不结盟的外交思想

早在印度独立之前，尼赫鲁就阐明印度对国际社会持不结盟立场的观点。1946年9月7日，尼赫鲁在对全国的广播讲话中对不结盟观点作了简述，他说：“我们将

---

① 林承节：《印度现代化的发展道路》，北京大学出版社2001年版，第406页。

② 林承节：《印度现代化的发展道路》，北京大学出版社2001年版，第412~413页。

③ 尚劝余：《尼赫鲁研究》，四川人民出版社1999年版，第23页。

④ Sarvepalli Gopal (ed), Jawaharlal Nehru: An Anthology, Oxford University Press, 1980, p. 327.

⑤ Sarvepalli Gopal (ed), Jawaharlal Nehru: An Anthology, Oxford University Press, 1980, p. 248.

以一个自由国家而非别国的卫星国的身份，带着我们自己的政策充分参加国际会议，我们希望与别国直接发展友好关系，携手合作，促进世界的和平与自由。我们将尽可能远离不同集团相互对立、相互敌视的强权政治，它过去曾引起世界大战，甚至今天仍可能给世界造成巨大的灾难。我们坚信和平与自由两者密不可分，任何地方对自由的否定必会威胁其他地区的自由，引发冲突和战争。尽管世界上到处是敌视、仇恨和冲突，但未来不可避免走向紧密的合作和建立世界联邦。独立的印度将为此而努力，创造一个由各自由民族进行自愿合作、消除一个阶级或集团剥削另一个阶级或集团的新世界。”他在印度过渡政府掌权后的首次新闻发布会上宣布：“在外交事务中，印度将执行独立自主的政策，远离相互敌对的集团政治。”尼赫鲁在独立初的印度制宪会议上指出：“我们倡导与任何其他国家保持密切关系，除非对方本身制造困难。我们愿与美国保持友谊，我们也愿与苏联充分合作。”他又说：“我认为，无论从理想主义和崇高道义的角度看。还是从狭隘的机会主义或民族利益的角度看，没有什么会比放弃我们一贯奉行的政策更糟糕了。这一政策就是始终与被压迫民族站在一起，不与大国结盟或充当其小伙伴以求得到别人的残羹剩水。”印度的V·朗格尔在《印度的国防与外交政策》中对尼赫鲁的不结盟观点阐述道：“一个新独立的国家想要自立并置身于斗争和动乱的漩涡之外时，不结盟提供了最大限度的独立和机动的余地。”

1952 年 6 月在人民院辩论中，尼赫鲁直截了当地用了“不结盟”一词，“就我们的政策而论，尽管事实上我们主要同联合王国和美国打交道，我们从它们那里买我们需要的东西，并且我们接受它们的帮助，但我们完全没有因为任何集团而背离我们的不结盟政策。”不结盟是印度外交最基本的政策。按尼赫鲁在 1958 年和 1961 年所下的定义，不结盟就是不与军事集团结盟，不与世界大国集团结盟。①

印度传统思想和甘地非暴力学说都直接影响着不结盟政策的制定者和实践者——尼赫鲁。故而尼赫鲁说不结盟政策源于印度以往的思想、源于印度总的意识形态。尼赫鲁自己认为，“我不能摆脱过去的遗产和新近学得的东西，它们都是我的一部分”，“印度在各方面深刻地影响我，像对她的所有的儿女一样”。②

独立之初，印度经济落后，军事力量薄弱。因此，以尼赫鲁为首的印度新政府最迫切的任务是恢复和发展印度经济，迅速医治战争和动乱的创伤。而要恢复和发展经济，就必须有一个和平的环境。1949 年 3 月 22 日，尼赫鲁在新德里对印度世界事务委员会演讲时说，“我们至少需要 15 年和平时间，为了能开发我们的资源。”③

在这种情况下，印度既需要一个和平的国际环境，也需要一个稳定的国内局势，从事经济建设。如果与一方结盟，就会使两极世界的力量对比失去平衡，危及世界和平，同时也会引发国内不同政治集团的不满，危及国内局势的稳定。尼赫鲁指出：“和平的环境对印度的发展与进步是绝对必要的。”“现今印度朝一个方向走得过远的

---

① 林太：《大国通史：印度通史》，上海社会科学院出版社 2007 年版，第 372 页。

② Jawaharlal Nehru, An Autobiography, New Delhi, 1962, p. 596.

③ Jawaharlal Nehru, India's Foreign Policy, New Delhi, 1961, P. 93.

任何企图将在我国造成困难。这一企图将遭到愤恨，我们将在本国制造冲突，而这于我们于别国都不利”，“如果我们加入一个军事集团而不是另一个集团的话，那就不会缓和而会加剧它们之间的冲突。”①

此外，印度既需要从资本主义世界也需要从社会主义世界获得经济技术援助，以便发展经济，增强国力，巩固刚获得的独立，而与任何一方结盟，则意味着失去另一方的援助的可能，也意味着依附于别国，失去独立行动的自由。尼赫鲁指出：“印度在接受经济援助或政治帮助时，把所有的鸡蛋放在一个篮子里是不明智的政策。一国不应为了得到援助牺牲自尊。否则任何一方都不会尊敬你；你也许会得到一些蝇头小利，但最终你连一些小利也得不到”。②

同时，不结盟政策也避免了印度受军事集团的约束，保证了印度在国际事务中的行动自由，捍卫了印度外交政策的独立性，也提高了印度在国际政治中的作用。1952—1963 年，印度在联合国的重大政治问题和殖民地问题上，表现了独立的立场，在此期间有关政治问题的 274 次表决中，有 90 例印苏美一致，61 例印苏一致，62 例印美一致，其余 61 例印度既不同于苏联，也不同于美国。③ 在处理与大国的关系中，尼赫鲁既与大国维持了较好的关系，又捍卫了本国外交政策的独立性，这一点是许多不结盟国家（包括南斯拉夫和埃及）望尘莫及的。④

第三节　尼赫鲁四大思想的相互关系

尼赫鲁的民主主义、社会主义和世俗主义，是其关于印度国内的政治、经济和社会等方面的思想支柱，这些思想相辅相成、融会贯通，是尼赫鲁在独立之初印度制定各种建国方针、措施的指导思想和理论基础。不结盟则是关于外交思想方面的，可以说，外交是国内政治的伸展和延续。这些思想代表着独立后印度政治、经济和社会发展的根本走向。

一般来说，民主是一种政府组织形式，意味着议会制度、自由选举和维护公民的各种自由权利；民主又是一种社会生活方式，是实现在政治、经济、社会等领域人人机会平等与约定俗成的价值体系及道德准则的运行规范。民主主义与社会主义并不冲突，而是协调一致的。事实上，尼赫鲁就是根据民主主义与社会主义相结合进行思考并解决问题的。尼赫鲁曾说，他之所以信仰社会主义，是因为他认为社会主义能使无数个人从经济和社会束缚中解脱出来，并提供更好的机会发展个人自由。社会主义是

---

① Jawaharlal Nehru, Independence and after: a collection of speeches (1946 ~ 1949), The John Day Company, 1950, p. 257.

② Jawaharlal Nehru, Independence and after: a collection of speeches (1946 ~ 1949), The John Day Company, p. 217.

③ 赵蔚文:《印中关系风云录》，时事出版社 2000 年版，第 29 页。

④ 尚劝余:《尼赫鲁研究》，四川人民出版社 1999 年版，第 37 ~ 38 页。

民主价值的实现，而民主是迎接社会主义的媒介。①

在印度建立一个独特的“印度式”社会主义，尼赫鲁试图在其经济发展政策中实现民主主义、世俗主义和社会主义目标的有机结合。未来印度社会的图景应避免资本主义的一些严重弊病，消除财富集中，实行经济平等；削弱私人财产权利，加强国家控制；消除阶级差别，解决大众贫困，实现社会解放。而这些在旧有的资本主义框架内是不能实现的。为了实现没有特权阶层和无巨大阶级差别的社会，就必须改善印度广大无权阶层的社会经济状况，限制少数既得利益集团对利润的追逐。尼赫鲁认为建立社会主义社会的任务完全可以由国大党来承担，只要国大党的领导权掌握在社会主义者手中。把经济发展和西方民主制结合起来是他的理想目标。②

世俗主义是尼赫鲁民主主义思想的另一个重要内容，它是政治民主和经济民主的前提。世俗主义意味着反对教派主义和种姓制度，而保留政策则是印度政治生活的特有现象，也是西方政治制度与印度传统社会制度发生碰撞与妥协的产物。在一个有着多种宗教信仰，宗教影响根深蒂固，且印度教徒占人口80%以上的国度里，确立了世俗政体，是尼赫鲁民主主义思想的典型体现。③

不结盟思想是尼赫鲁的外交指导思想，主要是不与大国结盟，后来逐渐发展为印度对外交往的指导准则，又由于尼赫鲁和印度在国际政治舞台上的活跃，引起类似的新独立国家的关注而加以仿效，逐渐地发展为不结盟运动，影响了国际政治势力的分化组合，即出现了一个独立于两大阵营的中间势力，不结盟国家集团。也可以将之看作是尼赫鲁在国内实行的中间道路拓展到国际舞台的一种表现。

尼赫鲁曾经如是说：“我要说，民主不仅仅是政治的、经济的，而且是某种精神的东西，如同一切东西最终都是某种精神的东西一样。它包括在政治和经济领域尽可能人人机会平等。它包括个人发展和充分利用他的能力和才干的自由。它包括对其他人，甚至与你分歧的见解的某种宽容。它包括某种沉思倾向和对真理——对正确事物的某种探索”④。

民主主义经过殖民统治时的宪政改革和独立后印度宪法的颁布，成为印度政治和日常生活的核心与基础。社会主义因为成为了国大党的奋斗目标，又由于国大党使人民院通过了决议，因而成了国家的目标。世俗主义也因宪法的颁布、一系列法律文件的制定、政府大力宣传提倡以及政治生活中的贯彻执行等，在印度社会生活里日渐深入人心。终于，1976年，议会将之前未能明确列入宪法中的目标，通过宪法第42次修正案，规定了：印度是一个“主权的、世俗的、社会主义的、民主的共和国”。在不结盟思想指导下实施的外交政策和开展的印度外交，使尼赫鲁和印度在世界上曾经

---

① 尚劝余：《尼赫鲁研究》，四川人民出版社1999年版，第53页。

② 林承节：《印度现代化的发展道路》，北京大学出版社2001年版，第32～33页。

③ 尚劝余：《尼赫鲁研究》，四川人民出版社1999年版，第64页。

④ R. K. Gogal, Thoughts of Gandhi, Nehru and Tagore, New Delhi, 1984, pp. 79～80.

一度拥有相当高的声望。其实，尼赫鲁关于内政指导思想的民主主义、社会主义和世俗主义都是他探索建立“中间道路”的努力和历程，不结盟思想也显然是内政在外交领域的“中间道路”的延伸。之后，尽管印度发生了政党轮替执政、经济改革、原教旨主义恐怖分子袭击国会等，但尼赫鲁建国时的基本准则未变。

第三章　尼赫鲁建国思想在国家制度上的体现

第一节　国家制度建构的抉择

甘地、尼赫鲁等人领导了印度民族解放运动，通过以非暴力不合作为主的斗争手段，实现了印度的独立。选取怎么样的国家制度才适合印度国情，才能更好地动员印度各集团、各阶层的力量，使他们参加到国家的建设中来，发挥他们的积极性，实现尼赫鲁等人的政治理想，而联邦制、议会民主制、政党制度等就是当时制宪会议所研究和考虑的众多选项之一。

虽然，联邦制、议会民主制和政党制度在殖民地时期已经有一定的经验积累，但是，当时这些制度的设置、运行主要是服务于殖民者和殖民政权为目的。因此，从制度的设置目标上看，就不能直接挪用到独立后的国家政治生活中，必须对它们加以改造和再构建。具体来说，殖民地时期的联邦制就没有能够实行，因为殖民者是想让它与封建土邦制度协调、共存，最后因各方反对未能实现而作罢。议会民主制在殖民地时期也是不完善的，因为它的设置是为了有利于殖民当局最终能够操控整个政治局面，也就是说，要有一个凌驾于制度之上的“太上皇”——总督，掌握着一切事务的最后决定权。政党制度也因殖民者的私利而发育不完善。所有这些表明，以尼赫鲁为首的印度领导人要根据印度的实际情况，并参照其他国家的实践，来构建新的国家制度，而不是直接的“拿来主义”就能解决问题的。

经过比较和权衡，尤其是印度制宪会议的反复讨论，最后以根本大法的形式——1950 年《印度宪法》，将联邦制、议会民主制、政党制度等国家政治制度确定下来。因此，联邦制、议会民主制、政党制度等制度的构建，一方面体现了尼赫鲁的建国指导思想，另一方面，尼赫鲁又通过参与随后这些制度的运行、调整，体现了他的宪政精神，夯实了印度民主政治的基础①。后来，随着实践的深入发展，不断地充实、完善相关制度和体制，使得尼赫鲁时期印度民主政治运行相对平稳、经济发展较快、社会相对和谐。

---

① Jawaharlal Nehru, Selected works of Jawaharlal Nehru , Second Series (vol. 1), New Delhi, 1984, pp. 243 ~ 244.

第二节 联邦制度的确立

一、联邦制的建立

印度建国后政治体制的建立是以英国殖民主义者的政治制度为基础发展起来的。伴随着以武力征服印度的进程，英国殖民主义者渐次把印度变成了自己的殖民地，其后又逐步把自己的一些政治制度移植到印度，以巩固其殖民统治，而这种移植过来的政治制度，构成了印度独立后政治体制的雏形，也打下了实行民主政治的基础。同时，殖民者在印度逐步实行代议制过程中，一批受过西方教育、具有民主意识和价值观念的知识分子（包括尼赫鲁等印度开国各级领导在内）也逐渐成长起来，他们一方面参加了民族解放运动中各种形式的活动，另一方面又在殖民政府各级代议制政治机构中任职（抑或从事与之相关的职业），从中受到西方政治制度的熏陶。印度独立后，尼赫鲁等人以西方政治模式和政治制度为主体，并在此基础上，创制印度式的政治模式和政治制度，即印度特色，其中就有联邦制、议会民主制和政党制度等。

建国之初，印度全国行政区划共有 29 个邦。印度政府通过高价赎买和军事强制手段合并了土邦，统一了政权组织形式。原先的印度自治领是民主体制和王朝体制共存，560 多个归并的土邦遍布印度各地区。在对土邦进行整合后，在印度的统一行政体制中，已经取消了王朝体制，土邦自行制宪和内部自治的权力也同时自行消失。这样，原先的土邦与其他邦几乎一样了，包括与中央的关系和内部结构等，都完全统一起来。从此，印度实现了全国行政区划上的统一，同时也实现了政治体制上的统一。

印度第一部宪法从 1950 年 1 月 26 日起生效，规定：印度是主权的民主共和国，采用联邦制。印度仿效加拿大而不是美国的联邦制模式。宪法不使用“联邦”（Federation），而是用“联盟”（Union），以示区别①。所谓联邦制，是指国家不仅有全国共同的最高国家权力机关和行政机关，联邦各组成单位也有在本单位领域内活动的最高权力机关和行政机关，中央政府和地方政府的职权范围由联邦宪法加以规定。联邦组成单位有权在不违反联邦宪法的条件下，制定自己的宪法和法律，在一定范围内管辖本单位的事务，印度联邦的公民资格是统一的，宪法是统一的，联邦议会有权增设、撤销邦的建制或改变邦的边界。印度联邦议会、联邦行政机关虽然同各组成单位的议会和行政机关在宪法规定的各自职权范围内行使权力，互不干涉，但中央权力较大，各组成单位权力较小。印度联邦中央对地方有很多控制渠道，在必要时，还可以将联邦制转化为单一体制。

二、确立联邦制的依据及其特征

（一）印度实行联邦制的依据

印度国家结构之所以实行这种具有单一制特征的联邦制，与印度的历史、社会、

---

① Chandrakant D. Shivakeri, Dr. B. R. Ambedkar's Political Philosophy, New Delhi, 2004, p. 143.

民族等影响因素是分不开的。印度在历史上长期遭受异族频繁的入侵和征服，因而形成印度人种、民族、语种、宗教繁多的特点。印度各大民族和多数部族都有自己的语言和文字，印度宪法承认有十四种语言。每个语言集团实质就是一个民族。由于这种情况，印度在英国入侵之前一直没有形成一个中央集权的国家。历史上虽然有过几次大的统一，但时间极短，印度绝大多数时间处于地方割据和分裂状态。但是，另一方面，随着印度资本主义因素的发展，印度各民族又有着在反殖民统治的斗争中联合起来的强烈愿望，各民族也有建立民族市场、发展资本主义、建立统一的自由国家而斗争的趋势。印度反英民族解放斗争和独立后争取经济独立的斗争，正是这种要求和趋势的体现。因此，实行在联邦制下面的集中制是符合印度的国情的。①

印度实行联邦制还与独立时存在的许多王公土邦密切相关。英国殖民主义者征服莫卧尔王朝以后，除建立隶属于英印政府诸省外，还有意保留或制造遍布全境的大大小小的土邦。到第二次世界大战前，其数目达 562 个，总面积为 71.5 万平方公里，约占其国土面积的四分之一。这些土邦虽然大小差异悬殊，但有一个共同点，即在承认英国“最高权力”、接受其保护的情况下，长期保持表面上的独立。据实行印巴分治的蒙巴顿方案规定，土邦可随意加入印度或巴基斯坦，但国大党不承认其有宣布独立或与印度其他部分保持隔绝状态的权利，并采取各种软硬兼施的办法将他们纳入印度联邦。到 1947 年 8 月印巴分治时，除海德拉巴、朱纳加德、查谟和克什米尔外，其余在印度自治领范围内的所有土邦都加入印度联邦。尽管国大党政府为消除联邦各省和土邦间的界限、王公特权作了种种努力，但是在确定国家政治体制时，历史上长期形成的权力分散的客观现实不得不给予认真的考虑。而正是这一点，成为选择联邦制的又一个强有力的基础。②

任何国家的政治制度都带有时代的印记，都反映这个国家的国情，印度联邦也不例外。印度独立是在教派血腥屠杀和骚乱中实现的，印、巴双方逃亡的难民多达 1,400 万人；民族、部族、语言的分离倾向在诸多方面已开始显露其对国家整合的破坏力；数以百计的原土邦要融入国家整体尚需时日；国大党领导的新政府还没有站稳脚跟。为了应付这些挑战，制宪会议自然倾向于制定一部中央权力占支配地位的联邦制宪法。印度的联邦制，带有许多中央集权制特征。印度学者把这种中央集权制特征归纳为前述 7 条，除上述权力分配有利于联邦、联邦政府有权宣布全国或部分地区处于紧急状态、联邦政府对各邦实行财政控制外，还包括：实行全印统一的法院系统和文官制度；全印选举委员会负责联邦和邦的选举等。③

印度宪法所确定的联邦制，是由英国移植又吸收别的国家政治体制运行经验与本国历史、文化传统经过长期磨合、适应形成的，对印度独立后的政治发展起了积极作

---

① 陈峰君：《印度社会述论》，中国社会科学出版社 1991 年版，第 49 页。

② 孙士海：《印度的发展及其对外战略》，中国社会科学出版社 2000 年版，第 74 ~ 75 页。

③ F. D. Vakil and K. H. Shivaji Rao, Indian Government and Politics, Sterling Publishers Private Limited, 1990, p. 87.

用。印度统一的局面不仅得以维护，而且得到了巩固。印度国家认同感得到了加强，威胁国家统一和领土完整的内部因素逐步被削弱。尽管印度阶级、社会、宗教、民族、语言、种姓以及中央与地方关系等矛盾异常复杂尖锐，就全国范围而言，政治稳定和社会秩序基本上得以维持，统一的中央政权可以畅通无阻。中央与邦、邦与邦的权力平衡得到维持。①

（二）印度联邦制的特征

一般来说，联邦制最主要的特征就是分权，即中央政府与地方政府实行职权范围划分，分权原则又因各国历史、地理、社会情况不同，会有很大的差别。印度宪法对联邦、邦和联邦与各邦兼有之职权作了详细的规定，例如在第七附表的第1表《联邦职权表》、第2表《各邦职权表》和第3表《联邦与各邦兼有之职权表》中对联邦议会和邦议会规定的立法范围和事项都极为详细。联邦议会可以为全国或任何部分地区制定法律，邦议会可以为全邦或邦内任何部分地区制定法律。联邦政府对上述第1表列举的事项单独享有立法权；各邦政府对第2表列举的事项有权制定法律；而对第3表，联邦政府和各邦政府共同享有制定法律的权力，一旦这两种法律发生冲突，各邦法律要废除或作修改，以服从联邦法律。有的事项既列入第1表又列入第2表，那么联邦的法律和政策处于优先和主导地位。上述各表均未列入的事项，联邦议会单独享有立法权力。②

印度各邦的政治体制与中央几乎完全一致，每个邦有一个以首席部长为首的部长会议。首席部长得到邦议会多数的支持，部长会议集体向邦议会负责。邦议会在普选的基础上产生，一般任期五年。有些邦还有邦参议院，其议员一部分由邦长指定，另一部分由社会人士提名。参议院是一个永久性机构，每两年改选一部分议员。每个邦设一个邦长，由总统直接任命，他有权解散议会，也有权重新召开议会，提出咨文，在立法议会休会期间有权颁布命令。

根据印度宪法规定，印度各邦单独享有66项立法权，其中包括公共秩序、警察、地方自治、公共卫生等。宪法还规定了47项联邦与省邦共同享有的立法权，其中包括刑法、刑事诉讼法、婚姻法、财产转让等。

但是，各邦的自治权是很有限的。这表现在：（1）各邦的立法权除警察制度和土地立法权外，关系到国计民生的一切重大立法权力全部集中在中央。根据宪法规定，印度联邦单独享有一切最重要事务的立法权。其中包括国防、外交、货币和银行等重要权力，共97项。（2）宪法虽然规定各邦拥有设立警察的权力，但警察都是由联邦内政部按照“全印警官制度”统一培训后派遣到各邦去的，实际上是受联邦内政部控制，因此，提升也要通过内政部。宪法第42号修正案还规定：联邦政府有权派武装部队或其他部队到任何邦处理该邦社会动乱和法制恶化等严重问题。这些部队在邦内驻扎期间，根据联邦政府指示行事而不受邦政府控制。（3）宪法虽然规定了

① 孙士海：《印度的发展及其对外战略》，中国社会科学出版社2000年版，第79页。

② 郭登皞等译：《印度宪法》，世界知识社1951年版，第172～186页。

47 项联邦和下属邦共享的立法权，但依据宪法规定，各邦所制定的法律只有在同联邦制定的法律不相抵触的情况下才能有效，否则应属无效。（4）印度宪法虽然规定若干个邦的自治权限，但宪法又规定，各邦行使的行政权，不得妨碍或损及联邦之行政权，不得妨碍或损及联邦对各邦给予指令的行政权。（5）各邦的邦长由总统任命并对总统负责。联邦可通过各邦长掌握该邦的全面情况，并牵制该邦的工作。宪法还赋予邦长在一些问题上的“自由决断权”，邦长在行使这一权力时，可以不必根据邦部长会议的建议。（6）宪法规定，联邦政府有权征收除农业税以外的一切所得税、附加税、关税、资本和财产税、公司企业税、铁路客运和货运税等作为印度的“统一基金”，然后由联邦将其中一部分分配或以补助金形式拨发给各邦。中央控制了各邦的财政金融大权。（7）宪法规定，总统在认为某一邦政府不能依照宪法规定进行工作时，有权宣告“紧急状态”。在此期间，联邦议会代行邦议会的政权，总统并有权接管邦政府的全部行政权，实行“总统治理”。

第三节 议会民主制的建立

一、三权分立的议会民主制的确立

印度独立后选择实行议会民主制，一方面是英国殖民统治时期宪政改革的经验积累，另一方面是印度的民族精英所追求的：仿效英国的宪政体制，在他们所熟悉的政体和制度基础上加以改造。印度政治家们选择议会民主制体制还因为，他们认识到，在像印度这样的宗教、语言、文化多元，各地区的特色又非常突出的国家，只有议会民主制，而且是联邦和邦两级议会民主制的体制，才能有最大的包容性，使随着国家和各地区经济文化发展而形成或增长的各种政治力量和各地区力量能够被现有体制吸纳，并有充分发散其能量的空间，这样才能实现国家的政治整合，保持国家政治制度的稳定。在印度制宪会议内外，关于印度应采取议会制还是总统制，曾发生争论。最后根据尼赫鲁等国大党领导人的意见，印度宪法确立印度政体为议会民主制。① 这既继承了独立前英印帝国的遗产，又深深打上西方资本主义制度的烙印。

印度宪法以国家根本大法的形式规定了资产阶级的议会民主的国家政体，从政治上确定了资产阶级在国家中的统治地位。宪法宣布公民的平等权（包括不因宗教、种族、种姓、性别等差异而受歧视，废除贱民制等）、自由权（言论、集会、结社、居住、迁移自由等）、文化教育权和私有财产不可侵犯权。宪法规定：“所有财产，无论动产或不动产，包括任何公司、商业或工业企业的投资，一律不得为了公用的目的而占有或收购。”即使非常必要时，也必须给予赔偿。虽然宪法还规定国家为了公共福利可以干预经济，但却承认了自由竞争的经济制度，其目的无疑是为了促进资本主义的发展。宪法规定，印度每五年进行一次大选，1951 年开始第一次大选以来，从

① Shriram Maheshwari, Indian parliamentary system, Agra, lakshmi Narain Agarwal, 1981, pp. 6 ~ 8.

未中断，议会民主制度也未发生动摇。

宪法规定，印度实行以成人普选权为基础的议会民主制，凡年满 21 岁（后改为 18 岁）的公民，不分性别、宗教信仰、种姓、财产状况和社会地位，都有选举权。在印度历史上，这样充分的民主是从来没有过的，它体现了权力来自人民和对群众的最广泛的政治动员的思想。人民院每 5 年实行换届，整个选举工作由直属总统的联邦选举委员会主持。选举按以人口比例为基础统一划分的选区举行，不再允许按宗教或社团设立单独选举区。各选区候选人由各政党提名，独立人士也可自荐为候选人。联邦政府由在人民院选举中获得议会多数席位的政党组成。经总统授权，由该党领袖组成联邦部长会议并担任总理。部长人选由总理提名，总统任命。如果没有一个党获得多数席位，可以经由总统授权，由获得相对多数的党联合其他党，共同组成部长会议。部长会议集体向议会负责，如果不被人民院信任，应即辞职，由总统授权获得多数的党另行组成部长会议，或解散人民院，重新举行大选。各邦立法院的选举也是按人口比例划分选区，办法与人民院选举相同。邦的部长会议由在邦立法院选举中获得多数席位的党组成，若没有一个党获得多数，可以建立联合政府，办法与建立联邦政府的办法相同。邦部长会议集体向邦立法院负责。若不被信任，亦应辞职。①

议会民主制设有行政、立法和司法三种机构，实行三权分立，各司其职。

（一）行政权

1. 总统

宪法详细规定了总统的职责，赋予总统以行政权、立法权和司法权，总统还是国家元首和武装部队的最高统帅，总统是印度的“国家元首”，享有非常广泛的行政权。在行政权方面，一切行政权力都归总统，由他任命总理和各部部长，任命检察长、审计长、最高法院和高等法院院长，任命各邦（省）邦（省）长和驻外使节等。在立法权方面，总统是国会的组成部分，召开议会，宣布议会休会，还有权解散议会；批准议会通过的一切立法，使其成为法律；有权任命若干名人民院（下院）和联邦院（上院）的议员。总统享有一定的司法权，有赦免、减刑或缓刑的权力。总统还有宣布实行紧急状态或军法管制的权力。

但实际上，印度最高行政机关是以总理为首的部长会议。总理拥有组织和领导政府的大权。部长会议的全部成员都是经总理提名由总统任命的。总理并有权提请总统随时免去某个部长的职务，甚至彻底改组政府。印度部长会议很少开会，实际的最高行政机关是由总理和内阁部长组成的内阁。总理由人民院中多数党的议会党团领袖担任。

在议会制下的总统必须在总理的“建议”下才能行使行政权。总统必须任命议会中多数党的领袖为总理，并按他的提名任命各部部长。总统批准政府的决议而不是自己作出决定。印度历届总统几乎都是在总理支持下当选的，有的还是总理直接提名的。解散人民院、宣布紧急状态也都是总理决定后由总统宣布和签署命令。印度的宪

① 郭登皞等译：《印度宪法》，世界知识社 1951 年版，有关总统职权规定之各项内容。

法之父安倍德卡尔这样说过："总统是国家的首脑，但不是行政的首脑。他代表国家，但不统治国家。"在内阁制下总统的地位是至高无上的，但其权力在很大程度上却是象征的。

副总统是上院的当然主席。在总统因死亡、被罢免、辞职或丧失工作能力而造成职位空缺时，代行总统职务，在6个月内举行总统选举。总统与副总统任期一般为5年。总统任期一般不超过两届。

2. 部长会议、内阁和总理

在议会制下，部长会议是由总理、内阁部长和国务部长（有的还有副部长）组成。部长会议的人数不等，从数人到数十人。部长会议是真正行使行政权的机构，集体向议会负责。

部长会议的核心是内阁，它是由总理和内阁部长组成，它是真正的决策机构。部长会议和内阁的首脑是总理，由总理选择各部部长，主持内阁会议，制定政策，监督各部工作，考虑提交议会通过的立法，等等。总理既是政府首脑又是议会中多数党的领袖，领导着执政党、议会和政府，成为国内政治生活中的中心人物。①

（二）立法权

总统是立法机构的组成部分。印度议会是印度联邦的最高立法机构，分联邦院（上院）和人民院（下院）。联邦院代表各邦，至多二百五十名议员，其中十二席由总统提名，其余由各邦或直辖区议会分别选举产生，任期六年，每两年改选议员的三分之一。任期六年，每两年改选三分之一，副总统是联邦院的当然议长。人民院有五百名，任期五年，规定每七十五万人口产生一名议员，按各邦人口确定其由公民普选产生的名额，任期五年，期满全部改选。另有二十二席由普选产生或总统任命。

按照宪法规定和一般惯例，议会的主要职权是：修改宪法，在联邦职权范围内行使立法权，选举和弹劾总统、副总统，罢免最高法院和高等法院法官、检察长、审计长等；监督政府工作，以总理为首的部长会议集体对人民院负责；政府重大政策措施必须得到议会的批准；议会可以通过财政预算和政府法案或通过不信任案等办法，迫使政府辞职。除财政议案外，任何立法需经两院通过，总统批准，始能生效。如果人民院通过的财政法案，联邦院不同意，人民院可坚持原议案，在本院内复议通过后，直接送交总统批准。

（三）司法权

最高司法机构是最高法院，由一名首席法官和若干名法官构成。其职责是解释宪法和法律；审理中央与邦、邦与邦之间的争执；又是最高上诉法院，对刑事和民事上诉案作出最终裁决。

按宪法规定，最高法院首席法官和其他法官以及各邦高等法院法官均由总统任命，但是依照宪法总统在行使职权时须根据以总理为首的部长会议的建议行事的规定，总统在任命首席法官和其他法官时通常是由政府内务部推荐、按照总理的建议作

---

① 高鲲，张敏秋：《南亚政治经济发展研究》，北京大学出版社1995年版，第18～20页。

出的。[①]

议会民主制下，立法、司法和行政三权是分立的。联邦议会的立法一般都是执政党提议，由执政党的多数票通过，但如果反对党在议会内力量强大，作为执政党的政府的提议未必都能通过。不过，由于政府是由在人民院中占多数或相对多数的党组成，一般情况下是可以拥有通过立法所需要的多数。所以，在通常情况下，立法权力和行政权力相对说较为一致，只有少数派政府才会出现两者不一致的情况。宪法规定了法官特殊的任免和任期制度，以防止行政权对司法权的干预。还特别规定，作为最高司法机关的最高法院对议会通过的法律有审查权，可以判定一项法律违宪。不过，宪法也赋予议会以修宪权。政府可以依靠在议会中拥有的稳定多数，通过修改宪法的提案，从而使本派提出的法案和颁布的政策、法规不致被判定违宪。

按照议会民主制原则，印度的立法、行政和司法权力分别由议会、政府和法院独立行使，因此，它们相互独立又相互依存，相互补充又相互制约，形成一套复杂的权力动态制衡机制。议会对政府的组成及其施政行为拥有决定性权力。议会制定的法律，政府必须执行。议会如果不同意政府的政策和施政方针，有权对政府提出不信任案。一旦不信任案获得通过，政府就必须辞职，或者建议总统解散议会，提前举行议会选举，议会对司法权力也施加了巨大的影响力。[②]

二、议会民主制与文官制度

（一）调整文官结构

实行文官制度是印度议会民主制度的一个重要特征。独立后印度政府对文官制度进行了一定的改革和重建。

将原来的“印度文官机构”（ICS）改名为“印度行政官机构”（IAS），但仍沿用文官称呼。除保留原有的“印度警官机构”外，还先后创立了印度外交官、印度中央秘书人员、印度经济官员和其他二十多种专业技术官员机构。根据文官归属和使用情况，可分为三类：第一类为全印文官。它是在联邦和各邦之间通用的文官，由联邦公职委员会统一招收，然后分配给各邦。联邦和各邦的重要行政官职务，通常都由他们担任。第二类为中央文官。一部分是非科技性的文官，如中央秘书人员、速记（助理）人员、办事员、外交官员、经济官员、统计官员、审计官员、海关货物税官员、铁路机关人员、国防会计人员、一等邮政官员，一等新闻官员和一等所得税官员等。第三类为邦文官。由各邦或几个邦联合招收、使用和管理，通常被指派担任县以下的区的税收和行政职务。邦文官成员经过选拔可提升为印度行政官成员。

（二）制定文官法案

1951 年制定了“全印文官法”，随后又为印度行政官和印度警官分别制定了有关考试，任用、提升、选拔、见习、行为、纪律与上诉、工资和年金等方面的条例和规

① P. Sharan, Government and Politics of India, Metropolitan, New Delhi, 1984, p. 270.

② 郭登皞等译：《印度宪法》，世界知识社 1951 年版，相关权限规定之各项内容。

则。1956 年制定了“中央文官法”和有关中央文官的条例和规则。根据文官法规，印度文官任用有三种方法：

第一种通过竞争考试任用。公开竞争考试每年由联邦公职委员会举办一次。凡具有大学毕业的文化程度，年龄在 21 岁至 24 岁之间的印度公民，均可报考。在一等文官的缺额中，每年大约有 55% 是根据这种考试的结果直接任用的。二等文官也有一部分这样任用。

第二种通过提升方式任用。提升的主要依据有两条：一是才能，二是年资。对于中等以上的职位来说，主要是强调才能，对于低等职位，则强调年龄加适合。

第三种通过选拔方法任用。对于拥有卓越才能和丰富实际工作经验的非文官组织成员，可经有关部门推荐和联邦公职委员会审查后，由中央政府任命。选拔任职年龄一般限在 25 岁至 40 岁。各部科技人员的任用也多采用此法。

（三）扩充文官队伍

为了适应印度独立后对文官的大量需求，1948 年建立了“特别任用委员会”，以选拔和提升方法紧急任用了大批新文官。1950 年 8 月新建的计划委员会在报告中强调，必须把具有高等学历和专门经验的人才吸收到行政机构中来，必须及时选拔一批年轻的官员对他们施行经济方面的广泛训练，政府应从大学、金融、实业等部门招收有专门知识和经验的人充任高级职务。委员会认为，如果不这样做，各个五年计划就难以实现。到 1956 年“一五”计划终结时，中央政府的文职人员总数已达到一百七十九万多人（包括一百万铁路职工）。[①]

第四节 政党制度的设置和特征

一、独立之初政党及其制度的设置

（一）独立之初印度的主要政党及其发展

1. 国大党

印度国民大会党（The Indian National Congress，简称国大党）成立于 1885 年，它的成立开启了印度现代意义上政党政治的先河。以后随着印度人民的逐渐觉醒，在反对英印殖民统治、争取民族独立的斗争浪潮中，各种民族主义政党不断地产生、分化、组合、演进和发展。印度独立初期便形成了以国大党为轴心、多党竞争的政党制度。

国大党是亚洲最早的政党之一，也是印度历史上成立最早、实力最强、执政时间最长的政党。1885 年 12 月 28 日由英籍印度退休文官阿伦·奥克塔文·休谟所创建。创建初期只是印度协会、孟买管区协会、浦那全民大会等各民族主义组织的联盟，奉行温和的资产阶级改良主义路线，主张改良殖民主义制度。1906 年以 B·G·提拉

① 陈峰君：《印度社会述论》，中国社会科学出版社 1991 年版，第 43～44 页。

克、奥若宾多和高士为首的激进派提出自治、提倡国货、抵制英货和民族教育四点纲领，使党内激进派和温和派之间的矛盾不断激化，最终导致1918年一批温和派分子退出国大党，另组印度自由联盟。1915年圣雄甘地从南非回到印度，其思想在国大党内的影响迅速得到加强。1920年国大党在加尔各答特别会议上通过甘地提出的非暴力不合作运动议案之后，国大党便在圣雄甘地和尼赫鲁领导下，以非暴力不合作作为民族解放斗争的指导思想，依靠以民族资产阶级、知识分子和农村富裕阶层为中坚的广大印度民众，与英国殖民统治者展开了长期不懈的斗争，成为印度民族独立运动的领导核心。①

印度独立之后，国大党理所当然地成为执政党并长期保持着执政地位。1948年1月甘地遇害，国大党进入"双头政治"时期，帕特尔认为其主内，尼赫鲁主外，相互配合，可称完美，但事实上一度内耗不断。帕特尔去世后，大权掌控在尼赫鲁手中。1949年尼赫鲁正式改组国大党，宣布它为单一政党，不得在党内建党，并清除党内的跨党者。同时，强化党章的权威，强调党的纪律，重申党章规定的主旨，即：增进人民福利，提高大众生活水准，坚持政治、经济、社会的权利平等与机会均等的原则，循民主立法的途径，建设富强、繁荣、幸福的印度，进而谋求世界和平。党章还规定，年满18岁，接受上述宗旨，年纳党费一卢比者，都可申请为党员。预备期两年以上，且符合下列条件者，可成为正式党员，即年满21岁，常穿土布衣服，不饮酒，不歧视贱民，未参加其他政党者。据1950年第一次大选前统计，全党预备党员2，900万，正式党员117万。②

国大党在领导独立运动中，已发展成为一个包括资产阶级、自由派地主、知识分子、小资产阶级、工人、农民等许多阶级阶层参加的组织，资产阶级占主导地位，资产阶级知识分子构成其领导核心。为此，在执政期间，国大党政治上积极倡导西方议会民主制；经济上实行公私并存的"混合经济"和计划经济，以公营经济作为国民经济的基础和核心，强调基础工业和重工业的发展，积极推行以废除柴明达尔制为主要内容的土地改革；外交上奉行不结盟政策。国大党的最高权力机关是全国委员会。国大党工作委员会是最高权力机关的执行机关。国大党的地方组织系统包括邦委员会、县（市）委员会、区（市）委员会。国大党党员分为初级党员、积极党员和准党员三类，并且对每类党员的资格分别有具体的规定。印度全国工会大会、青年国大党（英）、全印妇女协会和全印学生联会等是国大党领导的主要群众团体。③

1951年大选中，所有参选政党和团体都发表竞选宣言，利用各种形式广泛开展宣传，争取选票。凭着以往树立的威望，加之自治领政府建立后的工作成绩，国大党在群众中的政治影响巨大，基础雄厚，这是其他任何政党都难以望其项背的。因为挟执政党政绩优良的优势，同时又没有同等重量级的党派与之同台竞争，国大党在人民

---

① 杨翠柏，曾庆亮，周小粒，王安平：《印度政治与法律》，四川出版社2004年版，第180～181页。

② 林太：《大国通史：印度通史》，上海社会科学院出版社2007年版，第369页。

③ 杨翠柏，曾庆亮，周小粒，王安平：《印度政治与法律》，四川出版社2004年版，第181～182页。

院和各邦立法院的绝大部分选区都提出了自己的候选人。尼赫鲁风尘仆仆走遍全国，发表竞选演说，共出席了群众集会300余次，向约3，500万人作了演说，许诺说要尽一切努力，解决印度面临的各种问题，使人民群众的生活地位得到改善。国大党的其他领导人也都积极参加竞选。由于国大党基层组织遍布全国，为它的声势浩大的竞选造势提供了极大的方便。1952年，赢得大选后，组成了从中央到各邦清一色的国大党人政府。

2. 共产党

印度共产党（The Communist Party of India）是在苏联的帮助指导下成立的。1920年10月17日，在共产国际中亚细亚局的指导下，由马纳本德拉·纳特·罗易、阿巴克、慕克吉、穆罕默德·阿里等人组成的印度第一个共产党组织在前苏联乌兹别克共和国首府塔什干成立。此后的两年内，印度马德拉斯、孟买、加尔各答、坎普尔等地相继成立了共产主义小组。1925年12月26日，印度各地共产主义小组的代表在坎普尔召开了印度共产党第一次代表大会，成立了由7人组成的印度共产党中央委员会。1933年12月，印度共产党召开全国代表会议，制定了党的纲领，选出党的临时中央机构并决定加入共产国际。此后，印度共产党被英国殖民当局宣布为非法组织。1942年，印共公开支持英国的第二次世界大战政策，取得了合法政党的地位，结束了地下状态。1943年5月，印共第一次全国代表大会在孟买正式召开，通过并公布了《印度共产党章程》，重新选举约希为总书记。自从恢复合法地位，共产党得到了较大的发展，党员由约7，000人至发至6万人（1946年）。1948年2月，印度共产党召开第二次全国代表大会，通过了反对资产阶级的路线。由于当时接替约希的总书记兰那地夫错误地分析了国大党及其政府的性质和作用，犯了“左”倾冒险主义错误，使印度共产党遭受了重大损失。鉴于此，印度共产党撤销了兰那地夫的总书记职务，由拉杰什瓦尔·拉奥接任。1946年7月开始，印度共产党在南部安得拉邦的特仑甘纳地区发动农民武装斗争，取得了巨大成就。1951年10月，印度共产党在全国代表会议上通过《印度共产党纲领》和《政策声明》，决定停止武装斗争政策，走合法斗争道路，积极准备参加印度第一次大选。这次会议选举阿·库·高士为总书记。1953年、1956年，印度共产党分别召开了第三、四次全国代表大会。1957年，印度共产党在喀拉拉邦邦议会选举中获胜并建立了以南布迪里巴德为首的邦政府。然而，1959年7月，印度总统以治理“动乱局面”、“恢复法律和秩序”为名，解散了共产党的喀拉拉邦政府。①

1950年底，由高士、丹吉和拉奥等四人组成的印共代表团访问了莫斯科，以后经常接受苏共的指导，关系相当密切。印度共产党第四次代表大会，通过了政治决议声明，印共的革命目标是在印度建立一个以工人阶级为领导的、包括一切民主阶级在内的人民民主国家；印度当前的基本矛盾是帝国主义、封建势力与印度民主力量的矛盾，因此反帝、反封建是现阶段的主要任务；印度政府是资产阶级为主导的政府，它

① 杨翠柏，曾庆亮，周小粒，王安平：《印度政治与法律》，四川出版社2004年版，第185~186页。

既有发展民族经济、捍卫民族自由的进步性，又有对帝国主义、封建主义妥协的软弱性，因此共产党应支持政府的进步性，反对它的妥协性。对于政府以国营重工业为主导的经济发展方针，共产党表示赞同。1957 年印度大选中，共产党已达 8 万人左右并在人民院获得 27 议席，一度成为议会中最大的在野党。共产党控制的全国性的下属或外围组织有：全印职工联盟、全印农工协会、全印学生同盟等；并且主办 11 种不同文字的地方性刊物。印度共产党的总部原设在孟买，1952 年迁至马德拉斯，再迁至新德里。①

在苏共二十大政治思想路线的影响下，印度共产党一再强调议会斗争、和平过渡的路线。1957 年共产党在第二届大选的喀拉拉邦获胜，组建了邦政府，实行了一系列激进的改革。印共将此作为和平过渡的模范，定为“喀拉拉式道路”，意图逐步在全国推广，从而完成从地方到中央的和平过渡。1958 年 4 月 6 日至 13 日，印度共产党在阿姆利则召开第五次代表大会，把和平过渡路线写进了新党章，写进了《关于当前政治形势的决议》中，成为印共的根本方针。②

3. 社会党

社会党（The Socialist Party）成立于 1948 年，主要成员为 1934 年形成的原国大社会党，即国大党中的社会主义派，1948 年 3 月自组社会党，领导人是纳拉扬和马泰。1919 年，纳拉扬自美国留学返印，投身国大党并任劳工部长，深得尼赫鲁赞许。马泰原籍孟买，1931 年开始从事政治活动，曾四度被捕入狱。到 1950 年党员数为 129，447 人，另有集体党员 22，525 人。

人民党领袖为克里帕拉尼，甘地自南非返印发动斗争时，克里帕拉尼就是甘地的得力助手。独立后，他一度继尼赫鲁为国大党主席，曾极力反对尼赫鲁的作风与政治路线，但无力制衡尼赫鲁。1950 年克里帕拉尼退出国大党，自组人民党。在印度第一次大选中，人民党和社会党所得甚少，两党领袖达成合作共识。1952 年 9 月，经协商后组成人民社会党，以克里帕拉尼为主席。社会党反对大地主、大资产阶级垄断国家政权，主张通过民主和平的途径建立权力分散、政治民主的社会主义，强调发展小型工业和家庭手工业，消灭封建土地关系，实行合作化。对外主张奉行真正的不结盟政策。决心把国大党的群众争取过来，站在它的旗帜下。后来两派在对国大党的态度上产生分歧，1955 年 12 月产生过一次分裂，退出者恢复了社会党。

4. 人民同盟

人民同盟（The Jana Sangh ）成立于 1951 年 10 月，起初有着印度教教派主义的烙印。自 1948 年甘地遇害后，印度教大会和国民志愿服务团声誉大降，为重新赢得机会，它们借第一次议会选举之机，在大选前夕成立新的政党，取名人民同盟，希望以新形象出现于印度政坛。人民同盟的成员主要来自于印度教大会和国民志愿服务

① 林太：《大国通史：印度通史》，上海社会科学院出版社 2007 年版，第 339 页。

② 林太：《大国通史：印度通史》，上海社会科学院出版社 2007 年版，第 370 页。

团。其政纲是建立一个继承和发扬印度传统文化的统一的现代国家。[①] 人民同盟之后在20世纪60年代成为人民党的一部分。

（二）印度政党制度的设置

由于议会制实际上就是政党竞争制度，因为政权掌握在议会多数党手中，从而政党又通过政府行使权力。因而，与其他西方议会制国家一样，执政党在印度构成权力的核心，可以政府的名义向议会提出包括宪法修正案在内的各种法案，一般情况下，这些法案通常都能轻而易举地获得通过，成为法律。正因为如此，向议会提出法案的党派，除个别例外，绝大多数是现任的政府。尤其是在法律和法令实施方面，政府掌握着极大的灵活性，这就是说，它可以在现有法律允许的范围内颁布各种政策，推行政治、经济、社会和文化的变革和建设。所以，尽管持不同政治纲领、甚至不同意识形态的政党在中央和邦执政，其政策和施政行为均能为既定的法律所包容。[②]

在印度独立早期，由于制度设置等因素影响，导致政党数量众多。在诸多政党中，最大的即是本文重点叙述的四个党派：国大党、印度共产党、人民社会党和人民同盟，除国大党外，其他政党均处于在野地位。印度实行多党制，也就是以国大党为中心的多党制。并且作为执政党的国大党，是占据绝对优势的一党执政，特别是建国初的三届大选保持了在中央的垄断地位[③]。如此格局，事实上也保证了尼赫鲁及其政府的平稳，有利于各项政治、经济和社会改革政策、措施的推行。但反对党作为压力集团的存在，必然又使尼赫鲁和他的政府要考虑民众对其政策、措施的承受力的限度问题。政党林立，执政党与在野党并存，这是印度议会民主制和世俗主义国策的必然和必需。

二、印度政党制度的特征

任何民主政治都是通过一定的政党制度来加以实施的。现代国家根据各自的国情，纷纷选择一党制、两党制或者多党制作为本国的政党制度。在独立以后印度确立了议会民主制的政治体制模式，与之相配套则是在政党制度上实行多党制，实际上是以国大党为中心的多党制。印度政党制度具有如下显著特征：

第一，政党活动的时间较早，锻炼了一批积累了具有丰富国家管理实践经验的政治家。早在印度独立之前，印度国内就有为数不少的不同类型的政党在活动。除了建立于19世纪末、历史悠久的国大党之外，还有1906年建立的穆斯林联盟，1907年建立的印度教大会党，1909年建立的自由党以及随后建立的印度共产党、社会党、阿卡利党、德拉维达联盟等。这些政党组织建立以后，随着其影响面的不断扩大和实力的不断增强，在引导印度人民开展长期的反对英国殖民主义统治、争取民族解放的斗争中发挥了极为重要的作用，提高了印度人民反殖斗争的组织性、针对性和实效性。同时，这些早期政党的长期活动不仅锻炼和造就了一大批杰出的印度政治家，而

---

① 林太：《大国通史：印度通史》，上海社会科学院出版社2007年版，第370～371页。

② 孙士海：《印度的发展及其对外战略》，中国社会科学出版社2000年版，第69页。

③ Zoya Hasan（ed），Parties and Party Politics in India，New Delhi，2004，pp. 478～479.

且灌输和提高了印度人民的民主观念和意识。此外，这些早期政党的活动也为印度独立后议会民主制的良性运作奠定了坚实的基础。丰富的执政经验和拥有实际操作能力，坚定了印度人实施议会民主制的信念。

第二，政党数量数不胜数，但都未能对国大党形成有效制衡。印度历史上从来就不曾有过真正意义上全国性的政权，各地区分裂割据，造成了印度的民族、语言、宗教、种姓等各方面存在着极端的多样化，也因此形成了印度民众的生活习惯、意识形态、政治态度、价值观念、社会基础、阶级关系等错综复杂的局面。独立后，印度的政治、经济、社会发展同样极为不平衡，加上印度缺乏专门的法律对于政党的组成、职能以及权限等加以具体的规范，从而导致形形色色的政党在印度大量涌现。印度独立后 1951 年至 1952 年举行第一次大选时，全国就有大小政党 192 个。数目如此繁多而又形态各异的政党并存，对于印度政治生活的影响是极为深刻的。多党制的实行，虽然在一定程度上体现了民主精神，有利于避免独裁和专制，但是政党过多，力量过于分散，既难以形成对执政党强有力的监督和制衡作用，一旦当执政党是少数党派时，又往往只能组成极不稳定的联合政府，容易造成政局动荡和社会混乱的局面，还会因为患得患失而降低政府决策的能力和效率。

第三，政党构成极不稳定，党内组织纪律不严密，政党组织分裂重组频繁，党员更换组织司空见惯。印度政党虽然数目繁多，但没有一个真正稳定的政党。在印度政治生活中，几乎所有的政党都要经历若干次的分裂和重组，各政党频繁地分裂或合并，而党员不断退党另组新的政党，或加入别的政党的现象已经司空见惯。印度各政党频繁出现派别斗争、分裂或重组，主要是因为，一方面印度各个政党普遍来说群众基础都较为薄弱，加之党内缺乏严明的纪律和规章制度对党员的行为进行约束，个别政治家在党内起着关键性的核心作用，甚至其个人的好恶、见解、关系和情感决定着该政党的一切政治行为；另一方面，许多政党缺乏稳定明确的政治纲领和长期的奋斗目标，缺乏行动的指南和凝聚力、向心力，甚至有些政党本身就是为了实现眼前利益或达到竞选目的而临时拼凑起来的，结果在愿望达成以后不久便开始争权夺利，大搞派别活动。这种政党频繁分裂、重组，党员不断地进出的现象，从大的方面方来说，导致印度政局的动荡不安，影响印度议会民主制的正常运作；从小的方向来说，在很大程度上导致印度民众政治信仰的混乱，挫伤他们政治参与的热情①。

印度 1951 年第一次大选时参加竞选的政党有：印度国大党、印度共产党、印度社会党、农工人民党、人民同盟、印度教大会等 70 多个，其中除少数具有全国影响外，绝大多数都是地方性政党。此外，还有许多无党派人士。这种政党众多的现象，正是印度社会、经济、民族、语言、宗教和地方差别等方面的多样性的反映。印度宪法就是按照尼赫鲁等人的建议制定的，其要求政党制度的建立也要体现民主精神，反对一党制模式，提倡具有民主和竞争特征的政党制度。

1951 年大选产生了印度总统、副总统，拉·普拉沙德总统授权人民院多数党

---

① 杨翠柏，曾庆亮，周小粒，王安平：《印度政治与法律》，四川出版社 2004 年版，第 192 ~ 195 页。

——国大党组成联邦部长会议，成立共和国首届政府，尼赫鲁被任命为总理。1952年5月13日，尼赫鲁国大党政府在总统主持下宣誓就职，议会民主制下的政党制度运行正常，这标志了印度联邦制、议会民主制的平稳运作。印度民主制度与以尼赫鲁为主的领导人的建国构想基本吻合，适合于印度的政治发展和具体国情。

第四章　尼赫鲁建国思想在具体领域的实践

第一节　中央与地方的权力分配

一、中央与地方权力分配的构想和发展

在英国殖民统治时期，英国当局的宪政改革为联邦制的形成奠定了基础。印度独立后，绝大部分土邦加入了印度自治领，从有利于国家统一、发展的角度出发，尼赫鲁等主导的立宪会议认为联邦制适合印度国情，最后正式确立了联邦制。

印度实现联邦制，这就确立了印度中央—地方关系的权力运行基本模式。1950年印度宪法关于中央、地方之间的权力分配比之其他国家，如加拿大、美国宪法更详细①（因为尼赫鲁等人是宪法制定的主持者，宪法体现了其指导思想），主要表现为立法、行政、财政经济三个方面的内容。

（一）立法

联邦议会和邦议会的立法范围和事项在《印度宪法》中规定得极为详细。其中，列入《联邦职权表》的97个项目涉及所有与国家安全、民族利益和经济生活密切相关的最重要的领域，如国防、武装部队、外交、战争与和平、铁路、外贸、中央议会与最高法院和高等法院、人口普查、关税与各种重要税收等。列入《各邦职权表》的属于各邦立法权限的事项计66个，其中较重要的有公共秩序、农业、土地、水源、土地税与由邦控制的各种税收等。《联邦与各邦兼有之职权表》列入的项目有47个，包括刑法与刑事程序、婚姻与家庭、民事程序、教育、法律、医药等。②

三个职权表划分了联邦和各邦立法权力的分配范围，然而一旦出现例外情况，联邦议会则可以代替邦议会制定某些法律。如果联邦院以出席并参加投票的议员的2/3多数通过决议，宣布联邦议会基于国家利益的考虑，有必要就《各邦职权表》中决议指定的事项制定法律，联邦议会针对全国或其部分地区制定的法律应属合法。如果两个以上的邦认为宜由联邦议会以法律为它们作出规定，在有关邦的议会各院通过如上决议后，联邦议会可以就上述事项制定法律，这种法律也适用于邦议会各院通过决议表示愿意采用此项法律的其他各邦。在宣布实行紧急状态期间，各邦自治权力停止实施，联邦议会有权为全国或任何部分地区就《各邦职权表》内列举的事项制定法律。即使没有实行紧急状态，如果邦立法机构失灵，总统可以宣布赋予联邦议会为邦

---

① Manoj Sharma, Dynamics of Indian Politics, New Delhi, 2004, p. 4.

② 郭登皞等译：《印度宪法》，世界知识社1951年版，第172～186页。

立法的权力。有些法案由邦政府提交总统考虑，法案只有经总统同意才能生效，总统对这些法案可以表示同意，也可以不同意。在正常情况下，有些法案不事先得到总统的批准便不能向邦议会提出。联邦议会有权针对全国或部分地区制定法律，以履行与其他国家缔结的条约、协定或公约，或履行国际性会议、协会及其他团体所做的任何协议。①

（二）行政

印度作为联邦制国家，存在联邦和邦双轨政府。为了避免中央和邦政府在行政权限上可能发生冲突，宪法对联邦和各邦的行政关系作了明确的规定。

除了邦长作为邦的首脑由总统任命、高等法院法官由总统任命和调动、邦议会选举在总统任命的选举委员会监督、指导和控制下进行之外，宪法规定，各邦行使行政权力时，应遵守联邦议会通过的法律和适用于该邦的现行法令，不得妨碍和侵害，联邦行使行政权力时应向各邦下达在它看来必要的指示。如果邦政府违反上述法律和指示，中央政府可以宣布该邦处于紧急状态，也可以派遣中央后备警察部队进入该邦强行实施这些法律。联邦政府可以在某些情况下对各邦实施行政管理，包括就它认为具有全国意义或军事意义的交通线的建设和维护问题向各邦下达指示。同时，总统在征得邦政府同意后，可以有条件或无条件地委托该邦政府及其官员对联邦行政权限内的事项行使职权。联邦议会制定的适用于各邦的法律可以对邦及其官员和机构授予权力和规定职责，或准许他们授予权力或规定职责，即使邦议会对该法律涉及的事项并无立法权。另一方面，邦长在征得联邦政府同意后，同样可以有条件或无条件地委托联邦政府及其官员对本邦行政权限内的事项行使职权。

宪法规定，联邦及各邦的公共律令和诉讼记录应在全国享有完全的信任和信用。印度境内任何地区的民事法庭发布或通过的最终判决或命令应依法在国内任何地方执行。在实施紧急状态期间，中央政府可以给各邦发布行政指令，也可以由总统接管各邦除邦议会和高等法院实施的权力以外的一切权力。如果各邦之间在邦际河流或河谷水源的利用、分配及管制方面发生纠纷与起诉，联邦议会有权作出裁决，最高法院和任何其他法院对此无司法管辖权。宪法还赋予总统建立邦际委员会的权力，以便就邦际纠纷进行调查并提出建议，就各邦或者联邦与数邦有共同利益的问题进行调查和研讨，就上述问题，特别是就该问题上协调政策与行动提出建议。②

（三）财政

中央政府和邦政府实行财政独立，开支分别核算。宪法对中央和邦的主要收入来源税收的项目和分配作了较详细的规定。列入中央政府税收的主要是一些重要税收项目，如农业以外的所得税、关税、公司税、公司资本税、房地产税、财产继承税等。列入邦政府税收的主要项目有土地税、农业所得税、农用土地继承税、公路车辆税、通行税、人头税、奢侈品税等。从税收来源可以看出，联邦政府控制和掌握财政收入

① 郭登皞等译：《印度宪法》，世界知识社 1951 年版，第 86～89 页。

② 郭登皞等译：《印度宪法》，世界知识社 1951 年版，第 89～91 页。

的最主要部分，而邦政府单靠所分配的税收难以支持其日常开支和因为发展所需要的支出。

为了弥补各邦经费的不足，印度中央政府采取了一项重要政策，这就是将部分中央税收转移给邦政府。例如，中央政府把对铁路、海运、航空所载运的货物或旅客征收的终点税，铁路车票和运费税，报纸购销税和报纸广告税，农业用地以外的财产继承税等本来由他们征收的赋税转拨给各邦。农业收入以外的所得税则由中央政府征收，归联邦和邦共同使用。另外，除药用和化妆用配制品以外的货物税，由联邦政府征收，其中一部分要依据议会以法律确定的原则分配给各邦。印度宪法还规定，对某些邦实行补助拨款，以弥补其资金不足。对西孟加拉、比哈尔、阿萨姆、奥里萨等邦。中央政府从印度统一基金中拨付税收补贴，以代替本应划归这些邦的黄麻及黄麻制品的出口税留成。对于联邦议会认为需要帮助的邦，中央政府每年从印度统一基金中拨付一定款项作为补助拨款，其数目由议会以法律加以规定，各邦可以不同。对“表列部族”聚居的地区，这种补助拨款给予特别照顾，以增进他们的福利，提高这些地区的经济发展水平。①

二、中央和地方权力划分的实践

独立之初，印度中央政府与各邦基本遵循了宪法规定的权力运行法则，中央与地方关系因为基本上是国大党执政，很多问题就党内协调解决了，权力运作大致顺畅。

国大党从历史和语言因素考虑，也为了更方便推动民族自治运动，早在独立前就提出按语言划邦的意向。独立后，国大党政府却没有实施语言邦政策。这是因为，最初实施行政区划时，主要是解决土邦的归属问题，邦界不宜变动太大。其二，印巴分治的创伤成为惨痛的教训，因此警惕地方主义成为一种共识。1948 年 12 月，国大党任命尼赫鲁、帕特尔和西塔拉玛亚三巨头组成语言委员会，研究语言邦问题。结果尼赫鲁等认为，这项工作应至少十年后再实行。但是，地方领导人及许多地区的民众，对于联邦政府的决定十分不满，并且迅速转变成群众运动，形成了地方与中央的对立。1949 年南印度泰户固语地区的人民首先行动起来。尼赫鲁政府被迫让步，1953 年 1 月同意建立泰卢固语的安得拉邦。此先例一开后，其他地区纷纷援例，提出建立语言邦。② 于是，1956 年的语言邦改组也是因此而开始的，解决了大部分的民族关系的问题。因为 20 世纪 50 年代中期的语言邦或民族邦的组建，就是遵从各地区居住群体的意愿，并对行政区划进行了大的调整。从而做到按语言的区别划建邦的管辖区域，可使同一语言的群体聚合在一起，获得更好的发展机会，也使行政管理更为方便。

至于尼赫鲁时期最明显体现了党派利益至上以及意识形态作祟的例子，莫过于 1959 年对喀拉拉邦政府的解散。1957 年第二次大选，印共在喀拉拉邦获胜，从而组织起第一个反对党政府，第一次打破了国大党在中央和地方的一统天下格局。国大党

① 林良光：《印度政治制度研究》，北京大学出版社 1995 年版，第 213 ~ 214 页。

② 林太：《大国通史：印度通史》，上海社会科学院出版社 2007 年版，第 362 ~ 363 页。

与邦内其他反对派结成联盟，造成邦内局势混乱。1959 年以非法赦免某些罪犯、经常干涉司法行政、迫害国大党或其他非共产党鼓动者、募集了二百五十万卢比作为政党资金等为由，总统宣布解散该邦政府，对该邦实行直接治理。因此，也充分表明中央行为的意识形态色彩和党派利益至上。① 后来，英·甘地时期一再使用颠覆非国大党邦政权的伎俩。

关于克什米尔问题，则是中央与地方关系的一个特例。由于克什米尔问题的复杂性，1950 年宪法保留了其特殊地位。宪法第 370 条规定，适用于 B 邦的宪法条款，不适用于克什米尔；宪法允许克什米尔邦议会有为该邦制定法律的权力；如联邦根据联邦职权表和共同职权表为该邦立法，必须是总统与邦政府协商之后选定的项目，这些项目仅限于加入印度自治领的约章规定自治领立法机关有权为该邦制定法律的那些事项；另外，就适用宪法条款而言，由总统规定哪些条款适用于该邦，适用时应有何种例外和更改，但总统与邦政府协商选定的立法项目，必须与邦政府商议方可更改。另外，若宣布此条规定停止执行，或附加其他规定，总统必须得到邦制宪会议的建议后才可实行。②

印度独立之初，在克什米尔掌权的是克什米尔国民会议领袖阿卜杜拉，对于加入印度他态度模糊，为了安抚阿卜杜拉，促使克什米尔问题明确化，1952 年，尼赫鲁与其订了德里协定，内容如下：（1）印度最高法院在克什米尔只有有限的管辖权。（2）限制宪法 352 条。通常情况下，总统在战争、外敌入侵和面临内部威胁的情况下，可以宣布紧急状态。在克什米尔，这一权力的运用应在得到邦政府同意或在邦政府请求的情况下才可以。（3）克什米尔可以有自己的邦旗。（4）印度政府同意克什米尔政府有权限定和调整邦永久性居民的法定权利和特殊待遇，尤其是关于不动产的取得。换句话说，虽然克什米尔人在印度其他地区享有完全的权利，但印度其他地区公民在克什米尔却享有很少的权利。德里协定将 370 条由暂时性的过渡条款变为永久性的规定。

1953 年，克什米尔政局发生变化，阿卜杜拉政权被巴克什政权所取代。巴克什与印度政府密切合作，开始了一系列的整合过程。1954 年 4 月清除克什米尔和印度其他地区的关税壁垒，印度政府补偿 200 万卢比。5 月，印度政府对克什米尔的管辖权限由最初的国防、外交、交通，增加到联邦职权表的所有事项，但不动产的权利、克什米尔高等法院的特殊地位以及克什米尔立法会议的某些特殊权力被保留下来。1956 年第七次宪法修正案取消了 B 级邦这一行政区划单位，克什米尔也包括在宪法第一表中。这样就冲淡了宪法 370 条对克什米尔的特殊规定。1957 年 3 月克什米尔立宪会议被取消。1958 年，全印文官也延伸到克什米尔，印度选举委员会也开始在邦运作。③

---

① 林承节：《印度现代化的发展道路》，北京大学出版社 2001 年版，第 342 页。

② 郭登皞等译：《印度宪法》，世界知识社 1951 年版，第 136 页。

③ 林承节：《印度现代化的发展道路》，北京大学出版社 2001 年版，第 377 ~ 378 页。

印度虽然是一个联邦制国家，但权力的重心在中央政府。这一点明显地反映在中央与地方的关系上。尼赫鲁关于中央和地方权力划分指导思想就是强中央特征显著，联邦权力高于邦的权力，目的就是为了巩固统一。因此，印度虽然名义上是联邦制国家，实际上与典型的中央集权制国家或单一制国家有更多相似之处。

第二节　经济思想的实践

一、独立前的经济思想

早在独立斗争时期，关于印度未来经济发展的方向和道路问题，在国大党内就有过多次讨论。以尼赫鲁、国大社会党为代表的党内社会主义派在形成国大党未来的经济主张中起重要作用。他们强调印度的国情是经济落后和大多数人口的极端贫困，印度必须快速发展经济，追赶世界潮流，同时必须使经济的发展不致使财富越来越集中于少数人手中，相反，要使贫富差距缩小，使最广大的下层群众经济地位得到改善。国大党内社会主义派提出，独立后要实现把经济发展和实现社会公平结合起来的目标。到了20世纪40年代，在一些基本点上党内多数人达成了共识，如要发展大工业，实现工业化；关键工业国有化；实行计划经济；取消柴明达尔地主制；缩小贫富差距等。自治领政府建立后，理所当然地把这些基本点作为发展经济的指导思想。

二、建国后经济思想的实践

（一）国有化和混合经济体制

独立初期，尼赫鲁政府曾打算用高额补偿金的办法将一些私人大企业收归国有，以组成一定规模的公营经济。1948年1月，由尼赫鲁领导的国大党全印计划委员会提出了一份反映他自己及左翼观点的报告，要“实现收入和财产的公平分配，防止随着工业化进展把现有贫富差距的拉大”。报告建议：所有与衣、食、用等消费品有关的工业，应保留给在合作基础上建立的乡村企业和小企业经营；所有与国防有关的工业、关键工业和公用事业以及规模大、具有垄断性质的工业，应归国家所有和经营。至于这些部门中现有的私人企业，应在5年后逐渐转归国家所有；银行和保险公司也应实现国有化；还提出所有私人经营的工业必须接受实现国家必要的监督和控制。这个报告得到国大党全印委员会多数通过，但其中关于5年后把关键工业部门现有的私人企业收归国有以及把银行、保险业国有化的规定，引起了一些私人企业家强烈不满，放慢或停止了投资，从而导致生产下降。政府马上向这些企业家说明国家并没有制定国有化的计划，以此制止私营企业生产下降的趋势。

在这种情况下，政府制定出第一个工业政策，明确地提出了公营与私营经济并举的“混合经济”方针。1948年4月6日，根据政府提议，制宪会议通过了《工业政策决议》。这是政府在工业方面制定的第一个根本性政策。决议把工业部门划分为四类。明确规定重工业和基础工业主要由国家经营，同时为私营工业留下广大领域，规定私营企业要在国家计划目标下发展，这就确立了公私营经济并存，以公营为主导，对私营经济实行控制下的发展的混合经济体制。1948 年的工业政策决议宣布："在今后一段时间内，国家增加国民财富的办法是，扩大目前已进行的各种生产活动，并集中力量建立其他新的生产项目，而不是接受原有企业。与此同时，私营企业只要方向对头，调节得当，也可以起到极有价值的作用。"1951 年，人民院通过了《工业（发展和管理）法》，作为工业政策决议的补充。

以 1948 年 4 月和 1951 年 10 月出台的《工业政策决议》和《工业发展与管理法》为标志，尼赫鲁为印度选择了公营、私营经济并行发展的"混合经济"模式。尼赫鲁把这一模式说成是"从一切现存制度（俄国的、美国的以及其他的）中吸取精华的第三条道路，它寻求创造某种适于本国历史和哲学的东西"。[①]

为确保公营工业尽快发展，1956 年政府制定了新的工业政策，这就是《1956 年工业政策决议》。决议进一步确立、完善混合经济体制，规定国家有直接的责任建立新的工业企业和交通设施，促进工业的更快发展；同时要给私营成分留下广阔的发展空间。

和 1948 年工业政策相比，新政策扩大了国家对具有战略意义的基础工业的垄断范围，在其他重工业部门，也规定新建工业主要由国家担负，以增加公营成分的比重。决议还规定私营企业必须接受国家的管理，国家允许私营企业在与国家计划目标一致的条件下，在许可的范围内充分发展，并将通过提供适当的基础设施和在财政上给以帮助，扩大其发展机会。新政策还重申对小型工业的保护政策，强调乡村企业、小型企业在活跃经济、扩大就业、挖掘和充分利用物力人力资源和保证公平分配方面的重要作用，提出国家要采取多种措施鼓励其发展，如划出一些领域给小工业专营，限制大工业在这些领域经营，税收、贷款方面优惠，财政补贴等。[②] 这样，1956 年工业政策决议就把混合经济体制最终确立下来，并进一步突出了公营成分在国民经济中的主导地位。1956 年还通过了公司法，赋予政府以广泛的权力对私营公司的活动进行规范和监督。

表 1　1950—1971 年公私营部门在国民净产值中的比值

年份	公共行政和国防（%）	公营企业（%）	公营部门合计（%）	私营部门（%）
1950 ~ 1951	4.5	3	7.5	92.5
1960 ~ 1961	4	6.6	10.6	89.4
1970 ~ 1971	7	7.5	14.5	85.5

资料来源：印度中央统计局：《国家财政统计》（1970—1971 至 1984—1985 和 1990）。（转引自鲁达尔·达特等：《印度经济》（上），四川大学出版社 1994 年版，第 327 页。）

① （美）弗朗辛·R. 弗兰克尔：《印度独立后政治经济发展史》，孙培钧等译，中国社会科学出版社 1989 年版，第 1 页。

② Indian Government, Planning Commission, The new India, New York, 1958, Appendix.

在混合经济政策指导下，尼赫鲁政府大力发展国营经济，掌握国家的经济命脉。建立公营经济采取了两个步骤：一是实行国有化，二是建设新的国营企业。1947—1956 年的 9 年内，印度政府先后将民用航空、帝国银行、人寿保险和科拉金矿等收归国有，此外，从英国人手中接收了铁路、邮电和军火工业。这样，公营企业基本上控制了国家的交通和大部分金融活动。印度的国有化是在尼赫鲁的“和平民主”的方法指导下进行的，对于收归国有的企业，政府支付了巨额补偿金，如帝国银行国有化时，每张面额 500 卢比的股票补偿 1，765 卢比，人寿保险公司国有化时，补偿额为股东每年股息收入的 20 倍。[①] 尼赫鲁政府建立公营经济的主要途径是新建国营企业，尼赫鲁时代创建的所有基础工业几乎全部是公营经济。由于印度国内资金不足，又缺乏技术，尼赫鲁大量利用外资兴修国营企业，第二个五年计划中兴建的 3 个国营钢铁厂分别由西德、英国和苏联援建。

在尼赫鲁看来，社会主义经济制度应该是一种既有私营经济，也有公营经济的混合经济制度，就是既要允许私营经济的存在和发展，又要大力发展公营经济，从而形成公私并存、相互依赖、相互促进、相互补充的经济体制。尼赫鲁指出：“实行把公营企业和私营企业结合起来的所谓‘混合经济’，我们把工业分为三类，第一类保留给国家经营的公营企业，第二类大体包括私营企业或大体包括既可以公营也可以私营的工业企业，第三类包括那些以私营企业为主的工业。”同时，他还指出：“这些划分并不是严格的，也不存在任何不容改变的界限。”尼赫鲁的“混合经济”政策并没有损害印度垄断财团的利益。大财团在政府的扶植下迅速壮大，塔塔财团的资产从 20 世纪 50 年代初的 12 亿卢比增加到 1958 年底的 30. 3 亿卢比。[②]

（二）计划经济

对于管理国家经济，尼赫鲁不排斥利用价格等市场机制调节经济，但却极力主张应用国民经济计划管理经济，甚至把经济计划当作社会主义类型社会的一面旗帜。尼赫鲁指出，“我们对贫穷和失业的斗争，以及我们改善人民经济的努力，从而成为主要目标，这是继政治独立历程后下一个重大阶段。而这一切只能通过计划经济取得”。[③] 计划的实质就是国家干预经济生活，对公有经济和私有经济成分的发展实行国家管理与控制，由国家进行调节，以避免生产的盲目性和无政府状态。[④]

1947 年 11 月，国大党成立了计划委员会，尼赫鲁亲自担任委员会的主席。1950 年 3 月，中央政府成立了计划委员会。1952 年 8 月，设立国家发展委员会，负责审查、协调和监察计划的制定和执行，其成员包括总理、计划委员会全体委员及各邦首席部长，也由尼赫鲁担任主席。由于计划委员会具有崇高的威信和广泛的权力，超越了中央各部之上，因此后来被人们称为“经济内阁”或“超级部”。[⑤] 为了促进经济

① 吴治清等编：《亚非拉各种社会主义》，中央民族学院 1981 年版，第 6 页。
② 孙培钧等：《印度垄断财团》，时事出版社 1984 年版，第 78 页。
③ Jawaharlal Nehru's Speeches, Vol. 3, New Delhi, 1958, pp. 15 ~ 20.
④ Rabindra Chandra Dutt, Socialism of Jawaharlal Nehru, New Delhi, 1981, p. 203.
⑤ 孙培均：《中印经济发展比较研究》，北京大学出版社 1991 年版，第 71 页。

的发展，1951年印度政府制定并实施了第一个五年计划（1951—1956年）。“一五”计划的主要任务是：发展农业生产，增产粮食和工业原料，医治印巴分治造成的经济失衡。“一五”计划期间，印度国民经济平均年增长率为3.6%，农业生产增长22.2%，工业生产增长25%。结果一批规模巨大的水利工程建立起来，农业增产指标基本完成；在工业方面，国家针对现有工业体系中的许多空白点投资兴建了一批重工业工厂，[①] 为以后经济的发展打下了稳固的基础。尼赫鲁政府又制定并实施了“二五”（1956—1961）和“三五”（1961—1966）两个计划。

事实上，1950年开始执行第一个五年计划时，尼赫鲁等印度领导人还没有形成完整系统的工业发展战略。“一五”计划时，由于殖民统治和印巴分治人为造成的经济紊乱，尽快解决粮食、原料的紧缺问题，大力发展农业生产，成为首要任务。关于工业发展，主要任务就是填补关键部门的空白，为实行持续发展初步奠定基础。第一个五年计划基本上是个应急的计划。

在第一个五年计划即将结束之际，尼赫鲁已逐渐形成了他的经济发展战略思想，这就是马哈拉诺比斯模式。马哈拉诺比斯是经济学家，尼赫鲁的首席经济顾问，受命编制第二个五年计划。他贯彻并发挥了尼赫鲁的思想，拟定了印度工业化的发展战略，故又被称作尼赫鲁—马哈拉诺比斯模式。该战略主要内容是：优先发展重工业和基础工业，迅速建立完整的工业体系，保证国民经济有自力更生持续再生产的强大能力。发展重工业、基础工业主要应发展公营成分，使公营成分占领国民经济的制高点。资本货物和中间产品应逐渐实现自给，减少或不再进口。轻工业应主要让私营部门去发展，要保证消费品的市场供应。鼓励发展劳动密集型的小型工业和乡村工业，以补充消费品供应之不足，并着重解决空闲劳力的就业问题。总之，这是一个以发展重工业、发展公营工业为重点，强调进口替代的战略。第二个、第三个五年计划都是按这个模式制定的。[②]

1956—1961年，尼赫鲁政府实行了第二个五年计划。尼赫鲁深知，要巩固印度在政治上所获得的独立，就必须建立自己独立的经济体系，特别是发展重工业。因此，第二个五年计划将重点转到了以发展重工业为主的工业化建设上来。1956—1957年的水灾旱灾，以及随之而来的粮食生产下降，外汇储蓄紧缺，通货膨胀等，使第二个五年计划遇到了重重困难，虽然如此，第二个五年计划还是取得了巨大成效。公营经济部门和私营经济部门都取得了很大发展，建立了许多重工业和轻工业。工业结构更为多样化，更能满足经济发展需要。在“二五”计划在公营总开支中，工业占24%，能源占10%，交通运输占28%，农业和灌溉占20%，社会服务占18%。这一时期创办的公营工业企业都是规模较大的基础工业和重工业企业。如钢铁业方面，新建的杜加普尔、比莱和鲁尔克拉钢铁厂都是年生产能力达百万吨的大企业。这时期建设的印度重型电器公司、印度重型机械公司、奇塔兰占机车厂、阿瓦迪汽车制造厂，

---

① 林承节：《印度史》，人民出版社2004年版，第420~421页。

② 林承节：《印度现代化的发展道路》，北京大学出版社2001年版，第86~87页。

都是亚洲一流的大企业。新建的大企业还有重型化工厂、铝冶炼厂等。全印公营企业属于联邦一级的，1950—1951 年度只有 5 家，1955—1956 年有 21 家，到 1961 年增至 48 家。由于一批大工厂的兴建，出现了新的工业中心，落后的状况也有所改变。①

开始于 1961 年 4 月的第三个五年计划，执行既定的发展战略模式。“三五”计划旨在使国民收入每年提高 5%，基础工业得到迅速拓展，工业的自给率大大提高以及粮食生产达到自给自足。1966 年 3 月“三五”计划结束，在燃料、电力、运输设备、化工产品及机器制造等基础工业和重工业的扩展方面，取得了一定成绩，印度完整的工业体系已基本建立，工业品的自给率达到 80% 左右。国民收入年增长没有达到设定目标，仅为 2.2%，而农业粮食方面不仅没有实现增长，反而实际年均下降 3% 左右。

但通过独立后的三个五年计划，印度基本上摆脱了殖民经济形式，走上了经济独立发展的道路。

表 2　各个五年计划的部门开支

（单位：亿卢比）

	农业与灌溉 （1）	电力 （2）	工业 （3）	交通运输 （4）	社会服务 （5）	总计 （6）
“一五”计划 （实际）	60 （31）	26 （13）	12 （6）	52 （27）	46 （22）	196 （100）
“二五”计划 （实际）	95 （20）	44 （10）	108 （24）	130 （28）	83 （18）	460 （100）
“三五”计划 （实际）	175 （21）	125 （14）	197 （23）	121 （25）	149 （17）	858 （100）
“四五”计划 （实际）	381 （24）	245 （15）	363 （23）	324 （22）	277 （18）	1590 （100）

注：括号中的数字是所占百分比

资料来源：鲁达尔·达特等：《印度经济》（上），四川大学出版社 1994 年版，第 447 页。

（三）工业化

计划经济和混合经济体制的核心就是增强公营成分，实现工业化战略，加强国家对经济生活的干预力度和影响力。工业化的思想在尼赫鲁经济思想中具有战略性地位，尼赫鲁非常重视。尼赫鲁将工业化看成是巩固国家独立、促进国民福利、稳定国际局势的必要条件，是现代社会中居支配地位的经济形式。② 首先，工业化是国家独立之所系。在现代社会，只有通过迅速工业化，才能发展资源以确保国家的真正独立

① 林承节：《印度史》，人民出版社 2004 年版，第 421～422 页。

② 尼赫鲁著，齐文译：《印度的发现》，世界知识社 1956 年版，第 539 页。

自主，否则，即使保持政治上的独立，也不过是有名无实，经济上的控制权将会落入别人手中。其次，工业化是国民福利与进步之所系，没有工业化，国家就不可能达到或维持高度的生活水平，也不可能消灭贫穷，争取进步与繁荣。再次，工业化是现代经济的支配形式。在一个特定历史时期，只有一种经济形式处于支配地位，在现代，该形式便是工业化。以工业化为基础的经济居于领导和首要的地位，其他经济形式起着补充作用。最后，工业化是国际局势之所系。一个工业落后的国家将继续使国际局势失去平衡，助长一些比较发达的国家的侵略倾向，因而，为了维护世界和平与均衡，必须实行工业化，加强国力。① 尼赫鲁工业化的战略重点是建立重工业和基础工业、钢铁工业、电力工业、机器制造业等。尼赫鲁的工业化原则，是以大工业为核心，以中小工业、农村和家庭工业为辅助的全面发展原则。②

在尼赫鲁执政时期，通过三个五年计划的贯彻实施，尤其是第二个五年计划以后，在尼赫鲁—马哈拉诺比斯模式的引导下，基础工业和重工业的发展投资得到强化。经过“二五”、“三五”计划的实施，印度独立时畸形的殖民地工业体系得到纠正，薄弱环节得以填补，对设备和原材料进口的依赖大大减少，工业品自给能力达到80%左右。自力更生目标基本实现，印度已具有自我装备、自我发展的相当能力。重工业的兴建带动了轻工业的发展，印度成为20世纪60年代新独立国家中工业发展走在最前列的国家之一。

（四）土改和合作化

1931年，在尼赫鲁的推动下国大党卡拉奇决议案主张对土地所有制和税收制度进行改革。尼赫鲁还在联合省农村组织开展减税减租运动，以改善农民地位。

独立后，尼赫鲁为首的国大党和政府决定，土改不仅要取消某些地主所有制，还应包括另外两个方面：实行租佃立法，改善佃农地位；实行土地持有最高限额，把限额以外的土地分配给无地农民。这两方面的改革适用于全印所有地区。在制定土改政策的原则时，尼赫鲁和国大党内的左翼还希望把土改与合作化联系起来，推动农村在土改后走合作化道路。③

废除中间人制度是印度最早开始实施的土改措施。从1950年北方邦首先制定取消中间人地主的立法开始，在之后的约十年内，其他各邦也陆续制定了同样的立法。各邦废除中间人制度基本内容为：（1）废除柴明达尔权利，柴明达尔可得到适当补偿，并可以以自耕的名义收回和保留一定数量的土地。（2）使中间人下面的佃农与国家直接发生联系并可通过购买产权成为土地所有者。据第五个五年计划总结，“……约有2，000万佃农与国家直接发生了联系。”④ 被政府接管的土地为1.73亿英亩，政府支付补偿金为67亿卢比，这些原中间人的佃农不再受一系列压榨，随后许

① 尼赫鲁著，齐文译：《印度的发现》，世界知识社1956年版，第539页。

② 尚劝余：《尼赫鲁研究》，四川人民出版社1999年版，第44～45页。

③ 林承节：《印度独立后的政治经济社会发展史》，昆仑出版社2003年版，第42页。

④ The Indian Govemment，Planning Commission：The Fifth Five Year Plan，1975，p.42.

多人通过比较适中的价格从政府那里获得了土地所有权，成为自耕农。如在古吉拉特邦有130万、旁遮普和哈里亚纳邦有64.7万、拉贾斯坦邦有10万佃农成为土地所有者。但是，废除柴明达尔制度的实行也有不彻底之处：一是柴明达尔在“自耕”名义下保留了大量肥沃土地，这些土地实际上仍由佃农耕种。美国记者、著名印度学学者丹尼尔·索纳认为：“……柴明达尔已经消失，但这些人却被确认为土地持有者……”① 根据比哈尔邦弗劳德委员会的统计，柴明达尔拥有的“自耕地”近346万英亩，约占该邦总耕地面积2，448万英亩的14.2%；② 二是柴明达尔在农村有一定的政治势力或影响，许多人凭借其拥有的立法、司法、警察权力，通过诉讼、强迫收回土地自耕、分散地产等方式逃避法律；三是柴明达尔的土地有不少是交给分成农耕种，分成农一般都没有表明其权利的记录，所以地主可以借此保留土地。尽管有不足，但废除中间人制度还是有成效的。印度学者乔治和劳的一项研究表明，在废除中间人之后获得土地所有权的佃农在采用农业新技术方面表现出极大的兴趣。③ 印度学者巴尔吉特·辛格和米施拉对北方邦的研究表明，废除柴明达尔制对该邦农业发展有积极影响，由于对农业生产有了新的推动力，所以耕种强度和对土地的投资都迅速增长。④

针对租佃制，印度政府提出了三项改革措施。一是实现公平地租，二是保障租佃权，三是使佃农能最终得到土地所有权。在实现公平地租方面，计划委员会建议各邦将高额地租降至总产量的1/4或1/5。然而，尽管许多邦制定的法定地租大都高于1/4或1/5，但也未能真正实行。印度著名学者丹特瓦拉在20世纪50年代末说：“官方和非官方的意见都认为许多佃农交的地租比法律规定的要多得多。”⑤

另外，土地持有最高限额立法是印度政府采取的另一项改善土地关系以促进农业经济增长及社会公正的措施，其目标有二：一是降低大土地所有者的持有规模，二是把超过限额的土地分给无地农业工人或小农。但印度土地最高限额立法的制定和实施在尼赫鲁时期几乎没有大的进展，成效不大。⑥

由于土地改革未达到预期目标，以此为前提的制度改革战略中的其他措施的实施就受到严重影响，如合作耕种。在尼赫鲁政府看来，土地改革只是农业经济制度重组的第一步。计划制定者的设想是：首先通过各种土改措施，使印度农村形成一个自耕农阶级，然后在土改的基础上，将不经济的土地持有者组织起来，在保证各农户的土地所有权的前提下，组成各种形式的合作社。这样就可以既保证减少单位费用、提高农业效率和产量，又促进农村经济多样化并创造更多的就业机会。⑦

---

① Daniel Thorner, The Agrarian Prospect in India, Delhi, 1956, p. 74.

② H. Laxminorayan, S. S. Tyagi: Changes in Agrarian Structure in India, New Delhi, 1983, p. 56.

③ T. Haque, A. S. Sirohi, Agrarian Reforms and Institutional Changes in India, New Delhi, 1986, p. 56.

④ T. Haque, A. S. Sirohi, Agrarian Reforms and Institutional Changes in India, New Delhi, 1986, p. 67.

⑤ Uma Kapila, Indian Economy Since Independence (1947 ~ 1996), the 7th edition, New Delhi, p. 463.

⑥ 林承节：《印度现代化的发展道路》，北京大学出版社2001年版，第200页。

⑦ The Indian Government, Planning Commission, The Third Five Year Plan, Chapter 14.

在农村实行全面的合作化，在尼赫鲁和左翼看来，是建立社会主义类型社会的重要途径之一。这不仅被认为是提高农业生产的重要手段，也被认为是缩小农村贫富差距的基本保证。土改开始后尼赫鲁就一再强调，土地制度改变是第一步，接着要实行的组织互助合作。从实行的情况看，供销和信贷领域的合作独立前已有基础，主要是扩大推广的问题；组织生产互助合作是新课题，却遇到了强大阻力，推行不开。尼赫鲁和左翼没有放弃这方面的期望，把重点放在发展信贷合作和供销合作上，希望这方面的合作能使农村各阶层在实践中体会到合作化的好处，从而对生产互助合作产生要求。1959 年国大党那格浦尔年会上又通过决议说：印度“未来的农业形式应是合作的联合耕种，土地集中起来实行联合经营，农户仍保留他们的财产权，并根据他们的土地比例从净产量中分得自己的份额。而且，实际的田间劳动者不论拥有土地与否，都将根据他们在联合农场投入劳动的比例，分得自己的份额。”还说：“作为第一步，在实行联合耕种之前，需要在全国范围内组织服务合作社。这个任务需要在三年内完成。但即使是在这段时期之内，只要有可能，只要农户一般表示同意，即可开始实行联合经营。”① 这是尼赫鲁勾画的未来农村的蓝图，也表明了他实现农村合作化的强烈愿望。因为制度的制约，尼赫鲁的合作化运动注定并不会取得比其他土地改革更大的成效。

由于发展重工业必须有大量的投资做支撑，所以发展农业就只能在投资较小的情况下实现。这样一方面要求农业为工业化做贡献，一方面政府却不能拨足够的贷款给农业。在这种情况下，政府就要求农业以最小的投资获得最大的经济效益。正是在这一背景下，尼赫鲁政府提出了包括增加劳动力投入程度、发展合作社和重构农业组织等措施在内的制度改革战略来实现农业增值。因为尼赫鲁和他的计划委员会相信：在实现制度改革的基础上，只要对现有的生产技术稍加改进，就可以大幅度提高作物单产。尼赫鲁曾以中国为例，指出无需扩大化肥生产：“我们知道有些国家在过去几年中没有大量使用化肥，粮食生产增加也相当快。中国是怎样做到这一点的呢？中国在这方面的资源并不比我们多，同时中国对工业发展和重工业投资比我们大得多，然而他们农业生产增加幅度却比我们大得多。”② 在尼赫鲁看来，较合理的土地关系结构加上可负担得起的科技就足以促进农业发展。③

经过土改，印度农业和农村的情况还是有所改观，从 20 世纪 50 年代到 20 世纪 60 年代中期，印度粮食生产的年增长率为 2.5%。与独立前相比，农业产量有了很大提高。尽管人口大量增长，但这一时期的人均粮食产量仍有所增加，从 1951 年的人均 394.9 克/天增加到 1966 年的 408 克/天。不过这一时期农业的一定增长并非源于农业生产率的提高，而主要是靠扩大灌溉和增加耕种面积实现的。土地面积的扩展是

---

① 弗朗辛.R. 弗兰克尔著，孙培钧等译：《印度独立后政治经济发展史》，中国社会科学出版社 1989 年版，第 186 页。

② Jawaharlal Nehru's Speeches, Vol. 4, New Delhi, 1964, p. 394.

③ 林承节：《印度现代化的发展道路》，北京大学出版社 2001 年版，第 193 ~ 194 页。

20世纪五六十年代农业增长的主要因素，但到20世纪60年代中期，扩大土地面积已经到了极限，不能再作为农业增产主要依靠的手段了。

虽然粮食产量增加，但尼赫鲁时期始终没有解决粮食短缺问题。一方面是人口迅速增加，1941—1951年人口年平均增长1.36%，1951—1961年为1.98%，1961—1971年则为2.2%。另一方面是工业化和城市化进程的加速。而这两方面对农产品需求的增加幅度远远高于上述粮食产量的增加幅度。在这种情况下，为了维持必要水平的粮食供应和低水平的粮食价格，政府不得不大量进口（主要是从美国）粮食。直至“绿色革命”以后情况才得到改观，但那已是多年以后的事了。①

（五）小型工业、手工业

在印度，小型工业是指由政府明确规定的在一定规模限度之下的小型工业企业，其限度不断有变化。开始时是把使用机器动力、雇工50人以下或没有使用机器动力、雇工100人以下的企业定为小型企业。“二五”计划期间又加上了固定资产的标准，规定小型企业固定资产最高限额是50万卢比，微型企业（在乡村或5万人口以下的小镇上的小生产单位）为10万卢比。小型工业可以分为传统部分和现代部分。甘地一派的小型工业概念强调传统部分，着眼于拯救和复兴乡村的分散生产，无意于技术的现代化革新，其范围是以手工纺织为代表的家庭工业和乡村工业。

1947年12月，在国大党政府召开的工业会议上，对小型工业作了如下分类：(1）大型工业的辅助工业；(2）维修服务业；(3）成品制造业，例如金属器皿、餐具、铸铁、内衣、肥皂、椰壳纤维绳、食品保存等。此处的小型工业主要指的是现代的、机械化的小型工业。1951年《工业（发展与管理）法》规定了工业登记和许可证制度，同时明确规定小型工业除外。②（只有少数特殊工业（如棉纺、火柴等）新建企业时需经审批）这样，小型工业可以自由创办并在规定限度内扩大生产；大型工业则受到较多管制。

1948年工业政策决议指出：“家庭工业和小型工业在国民经济中占据重要位置，为个人、村落和合作企业提供机会，为重新安置难民提供出路。它们特别适合于更好地利用地方资源，以及实现某些日用消费品，譬如食品、布料、农用器具等的自给自足”。② 1951年，尼赫鲁在国大党全印委员会所作的报告中指出：“……家庭工业和小型工业在印度有特殊的重要性。尽管我们资本匮乏，我们的人力资源却不稀缺(这与中国的情况相似)。无论是为了减少失业，还是为了给国家创造财富，我们必须利用这些人力资源。然而，家庭工业和小型工业都必须使用最新的技术，并与大型工业合作。”③ 1953年7月，国大党全印委员会阿格拉会议专门就印度的失业问题作出决议，决议认为失业增加的主要原因是印度人口激增而工作机会却没有足够的增

① 林承节：《印度现代化的发展道路》，北京大学出版社2001年版，第207页。

② V. B. Singh, Indian economy, Yesterday and Today, new Delhi, 1976, pp. 106～107.

③ Mrigen Bose, Jawaharlal Nehru and his Economic Policy, Calcutta, 1977, p. 114.

加。决议强调发展工业，尤其是家庭工业和小型工业对于解决失业问题的意义。①

1956 年工业政策决议对 1948 年工业政策决议作了一些修改，是印度经济发展最重要的文件之一。其中关于小型工业指出："印度政府将重视家庭工业、乡村工业及小型工业在国民经济中的地位。它们对一些亟待解决的问题提供了独特的贡献：迅速创造大量的就业机会，确保国民收入趋于公平合理的分配，动员闲置的资金、技术资源。通过在全国范围建立小工业中心，将有可能避免无计划城市化导致的问题。""在扶持家庭工业、乡村工业及小型工业的发展方面，政府已经采取了诸如限制大型工业部门的产量、对大小工业部门实行差别税收以及直接资助等措施。这些措施今后还要执行下去。同时，如果有必要，政府将出台确保分散部门获得自立能力，使它们的发展与大型工业的发展相整合的政策。因此，政府将致力于实行提高小规模生产者竞争能力的措施，使之不断提高和更新生产技术"。②

显然，尼赫鲁和国大党内主流的意见强调现代小型工业的发展，这也是自"一五"计划起政府政策的方向。由于民族独立运动期间的手工纺织运动的声势人们依然记忆犹新，加之甘地倡导的乡村建设的概念在农村已经被广泛接受，同时以传统棉纺织品为代表的旧式产品仍旧占据绝大部分农村市场，于是，国大党政府还是对小型工业中的传统部分给予了一定程度的重视。

"一五"计划后期，在福特财团的赞助下，印度政府邀请了一个外国专家小组调查小型工业政策的实行情况。根据外国专家小组的建议，成立了四个地区技术中心（孟买、德里、马德拉斯和加尔各答）以帮助小型工业提高技术水平和管理能力。还成立了国家小型工业公司，在各邦设立小型工业发展公司，向小型工业提供各种服务。在工业部之下成立了小型工业发展局，作为小型工业的中央管理机构。③

同时，鼓励小型工业和乡村工业发展是马哈拉诺比斯模式的重要内容之一。小型工业、乡村工业的发展是甘地特别强调的，尼赫鲁也认为小型工业和乡村工业投资少，劳动集约程度高，能增加供给，扩大就业，增创外汇，缓解贫困，改变农村面貌，因而是国民经济的重要组成部分，是大工业的补充，在国家工业化中起着重要作用。1950 年注册小企业有 16，000 家，1961 年增加到 36，000 家，还有很多未注册。④

从独立前国大党制定的经济纲领（体现在历次年会决议和公开发表的声明等文件中）来看，发展大工业，实现工业化的目标是明确的。在甘地经济思想和他发动的乡村建设运动的影响下，国大党经济纲领中也包括了对乡村工业和小型工业地位和作用的强调。例如 1945 年 12 月，国大党工作委员会的《竞选声明》指出："工业必须以各种形式（大型、中型和小型）迅速发展，这不仅仅是为了创造财富，同时也

---

① All India Congress Committee, Indian National Congress Resolutions on Economic Policy and Program, 1924 ~ 1954, New Delhi, pp. 82 ~ 84.

② V. B. Singh, Indian Economy: Yesterday and Today, New Delhi, 1976, pp. 117 ~ 118.

③ 林承节：《印度现代化的发展道路》，北京大学出版社 2001 年版，第 167 ~ 168 页。

④ 林承节：《印度现代化的发展道路》，北京大学出版社 2001 年版，第 92 ~ 93 页。

为了吸纳土地上的过剩人口。尤其应当鼓励的是家庭工业，无论专职的还是兼职的。工业计划和发展的确要以为社会创造最大财富为目标，但同时必须牢记不要以制造新的失业为代价。"①

尼赫鲁政府虽重视小工业，但大工业是发展重点。"二五"计划、"三五"计划的重点转向了公营部门的基础工业和重型工业，印度开始了尼赫鲁—马哈拉诺比斯模式工业化道路的实践。但同时，尼赫鲁和计划制定者们对小型工业在工业化中的重要作用的强调并没有减弱。1961年8月28日尼赫鲁在联邦院的演讲中在阐述工业化是国民经济发展的根本方针的同时，也强调小型工业可以成为大型工业的有益补充，是印度工业化的必要成分。马哈拉诺比斯也说："由于缺少资金来源，在短期内不可能通过工厂工业创造大量就业，现在应当重视家庭工业和乡村工业……给小型工业一定数量的投资所创造的就业可能要比相应的工厂工业创造的高出10倍、15倍甚至20倍。"②

小型工业部门受到高度重视，小型工业被赋予了创造就业、公平分配、动员闲置资源、扩散工业化等广泛的发展使命，在国大党发展战略中占有不可忽视的地位。

表3　各个五年计划对小型工业的开支占公营部门开支的百分比

计划序列		公营部门开支总额（亿卢比）	小型工业所占比例
"一五"	1951—1956	196.0	2.1
"二五"	1956—1961	467.2	4.0
"三五"	1961—1966	857.7	2.8
"四五"	1969—1974	1616.0	1.5

资料来源：印度政府的各个五年计划。

印度政府虽重视小型工业，但是在围绕小型工业的战略考虑以及推行小型工业发展政策方面缺乏科学的、明晰的思路。长期以来，小型工业部门被赋予令人眼花缭乱的发展功能与目标，得到了种种扶持和优惠，而且保护措施日渐增多。

在马哈拉诺比斯模式之下，小型工业政策实际上是从属于以公营部门、基础工业重工业为主导的整体工业化战略的。印度的半管制体制使经济市场扭曲、效率低下，这在小型企业领域同样表现得十分突出。管制手段也被用于对小型工业部门的扶持，例如保留项目的做法。保留项目制度的实行迫使效率高的大型工业企业在这些领域停止发展，而把机会让给效率差的小型企业，人为地分割生产领域就降低了企业竞争压

① All India Congress Committee, Indian National Congress Resolutions on Economic Policy and Program, 1924 ~ 1954, New Delhi, 1954, p. 17.

② 鲁达尔·达特，K. P. M. 桑达拉姆：《印度经济》，四川大学出版社1994年版，下册，第330页。

力，削弱了企业活力，实际上也是保护落后，阻碍进步。①

（六）贫困问题

农村普遍的贫困，尤其是在废除柴明达尔中间人土地制、租佃制改革、实行最高土地限额等改革后，都未能从根本上解决农村土地问题，致使大量的农民未能解决耕者有其田的实际问题，也就是说，土地改革没有实现尼赫鲁的最初的预想。合作化运动也没有带来多大的成效，造成了农村格局没有多大变化，未能实现农业生产的迅猛增长。农民，尤其是无地农民，贫困依旧，考虑到印度百分之八十以上的人口依靠农业谋生，所以，殖民地时代积攒下来的贫困问题（这一问题的严重性曾经使尼赫鲁震惊，当年就促使他转而寻找能实际解决农村贫困问题的途径）在尼赫鲁时期没有得到根本性的缓解。加之工业化战略又未能提供充分就业的机会，所以贫困成为困扰尼赫鲁及其之后政府的一个国家级难题（也是世界级难题）。

表4　印度农村贫困人口的人数和比重

	贫困人口数量（亿）		农村贫困人口所占百分比	
	艾哈卢瓦里亚	米哈斯	艾哈卢瓦里亚	米哈斯
1956—1957 年度	1.81	2.15	54.1	65.0
1957—1958 年度	1.71	2.12	50.2	63.2
1958—1959 年度	1.62		46.5	
1959—1960 年度	1.58		44.4	
1960—1961 年度	1.41	2.11	38.9	59.4
1961—1962 年度	1.46	2.06	39.4	56.4
1963—1964 年度	1.71	2.21	44.5	57.8
1964—1965 年度	1.84	2.02	46.8	51.6
1965—1966 年度	2.16		53.9	
1966—1967 年度	2.13		56.6	
1967—1968 年度	2.35	2.10	56.5	50.5
1968—1969 年度	2.17		51.0	
1970—1971 年度	2.10		47.5	
1973—1974 年度	2.41		46.1	

资料来源：根据 M·艾哈卢瓦里亚，在《开发研究杂志》1977 年载文和 B·C·

① 林承节：《印度现代化的发展道路》，北京大学出版社 2001 年版，第 176～177 页。

米哈斯：《贫困和计划》编制。（转引自鲁达尔·达特等：《印度经济》，四川大学出版社 1994 年版，第 613 页）。

印度独立后长期存在的贫困问题[①]，在世界上也是比较突出的，成为一些专家学者长期研究的一个专题[②]，包括印度、巴基斯坦、孟加拉国等在内的南亚区域的绝对贫困涉及人口数量之大、贫困面之广、扶贫难度之艰巨，也是世界关注的焦点（可能这也是尼赫鲁始料未及的）。1991 年印度拉奥政府的经济改革，使得这一常年缠绕印度政府的问题逐渐有所缓解。

第三节 民族与世俗主义思想的实践

一、民族和语言邦问题的由来及解决

（一）印度民族发展演变和语言邦问题的由来

印度究竟是单一民族国家还是多民族国家，依照印度官方的观点认为：印度全体居民在长期历史发展和反殖民主义斗争中已经融合成为一个统一的民族，他们之间只有种族、宗教信仰和语言的差异，没有明显的民族界限和区别。

一般认为，经过数千年的迁徙、融合、同化和交流，形成了当今印度社会民族构成的格局。在印度诸多民族中，主要民族有印度斯坦族（兴都斯坦族）、泰卢固族、马拉地族、泰米尔族、孟加拉族、古吉拉特族、马拉雅拉姆族、卡纳达族、阿萨姆族、奥里雅族和锡克族。这些民族约占印度总人口的 82%。[③]

印度某些部族可能是次大陆最古老的居民群体。在印度，部族有不同的名称，如土著居民、原始居民、森林部族、山区部族、原始部族等。印度宪法使用的名称是"表列部族"。

印度究竟有多少部族，各种文件、研究和调查报告说法不一。1950 年列入宪法的表列部族共 212 个。1956 年印度总统一项特别法令把 414 个部族列为表列部族。各种调查结果表明，部族社会数目在 400 个以上。由于鉴别的标准不一致，加上人种学、历史、社会、语言、宗教信仰等原因，要提供确凿的部族社会数字几乎是不可能的。

因民族众多、部族分散等因素，印度又是一个多语言国家，而且没有一种语言为大多数居民所使用。独立前，殖民主义者实行"分而治之"的政策，挑拨离间各民族关系，故意把行政区划搞得很凌乱：一个省邦内往往混杂着多种语言，而一种语言又

---

① 实际上，印度还有大量城市贫困人口的存在，比如，加尔各答等大都市无处不在的大面积的贫民棚户区，就昭示着其实际居住人口数量的庞大，表明了城市贫困问题同样是普遍存在的。

② （瑞典）冈纳·缪尔达尔著，方福前译，《亚洲的戏剧——南亚国家贫困问题研究》，首都经济贸易大学出版社 2001 年版，有关印度的论述；（印度）鲁达尔·达特，K. P. M. 桑达拉姆著，雷启淮等译：《印度经济》（上册），成都：四川大学出版社 1994 年，第 21 章、第 22 章的相关内容；（印度）迪帕克·拉尔著，赵红军译：《印度均衡》，北京大学出版社 2008 年版，第 12 章有关贫困的论述。

③ 陈峰君：《印度社会述论》，中国社会科学出版社 1991 年版，第 186 页。

往往为分割居住于两个，甚至几个省邦的居民所使用，造成一个地区往往居住着多种民族、而一个民族又往往被分割居住于两个，甚至几个地区的复杂局面，这种情况妨碍了人民之间在更广泛基础上的彼此了解和团结。因此，甘地、提拉克、普拉萨德等民族主义领导人很早以前就主张以语言为基础重新划分印度行政区域。他们认为这是印度人民反帝国主义、反封建主义斗争的一个阶段，是动员人民参加国家行政管理所必需。按语言的区别建邦，可使同一语言的群体聚合在一起，获得更好的发展机会，也使行政管理更为方便。国大党考虑了历史和语言的因素，也为了更方便地推动民族自治运动，就提出按语言划邦的意向。1920 年国大党那格浦尔会议决定党的省一级组织按语言区域建立，并在第二年就付诸实行。[①] 1937 年和 1945 年，国大党在选举宣言中，把建立语言行省列为未来施政纲领的一项内容。尼赫鲁在 1947 年印度独立前多次重申，甚至独立后几个月依然坚持这一立场。[②]

（二）语言邦划分和官方语言问题的解决

印度民族问题以要求重划语言邦的形式出现。关于建立语言邦的争论和斗争，在印度独立初期，成为政治局势安定、政权基础巩固的关系密切的重要问题。

早在 20 世纪初或更早些时候，许多民族（如泰米尔族、锡克族、孟加拉族等）都明确要求承认本民族特殊利益的存在。有的甚至提出建立本民族独立国家的主张。

然而由于印巴分治带来的创痛，尼赫鲁等国大党领导人担心实行这样的调整会导致地区间的领土争夺和地区分裂主义因素的增长，不利于维护全印的团结和统一，所以，土邦的合并与宪法对建立邦建制的规定都没有涉及这个问题。达尔委员会在其报告中也不赞成按语言重新划省，认为重新划省会助长地方主义，不利于民族整合。[③]

然而，国大党领导人的这种忧虑，地方领导人并不认同。达尔委员会的报告受到许多邦，特别是南方泰米尔语系各邦的指责。为了表示对这个问题的重视，1948 年国大党年会任命了由党的最高领导人尼赫鲁、帕特尔和西塔拉马尼亚组成的委员会（史称 JVP 委员会。JVP 分别是三人名字 Jawaharlal Nehru，Vallabhbhai Patel，Pattabhi Sitaramayya 的第一个字母），审查达尔委员会的报告。JVP 委员会肯定了达尔委员会的结论，认为此时实行按语言建邦“将会妨碍国家整合的进程，打乱我们的行政、经济和财政结构，并且在我们处在国家初建时期就释放出扰乱与分裂的力量”。[④] JVP 委员会建议，此项调整工作至少要推迟 10 年进行。[⑤]

遂有联邦政府的决定激起地方领导人及许多地区的民众强烈不满之事件，形成了地方与中央的对立。1949 年，南印度泰户固语地区的人民将语言邦的斗争付诸行动，他们不断集会，示威游行。尼赫鲁则担心允诺建立语言邦，该行动将会演变成为一种地方主义，威胁中央政府的权威。1952 年 12 月 25 日，资深的国大党党员、语言邦

---

① P. Sharan，Government and politics of India，New Delhi，1984，p. 540.

② 林太：《大国通史：印度通史》，上海社会科学院出版社 2007 年版，第 362 页。

③ 林承节：《独立后的印度史》，北京大学出版社 2005 年版，第 188 页。

④ Michael Brecher，Nehru：A Political Piography，London，1959，p. 481.

⑤ 林承节：《独立后的印度史》，北京大学出版社 2005 年版，第 188 页。

运动的领导人帕提·斯里拉姆卢因此绝食而死，导致该地区发生大规模的动乱。尼赫鲁政府被迫让步，1953 年 1 月同意建立泰卢固语的安得拉邦。此例一开，其他地区纷纷提出建立语言邦的要求。鉴于建立语言邦的趋势已不可遏止，为维护全国的安定团结，尼赫鲁原则上接受了邦改组委员会的建议。①

迫于群众运动的压力，印度政府于 1953 年 12 月底宣布成立以最高法院法官法扎尔·阿里为首的邦改组委员会，进一步研究以语言为基础建邦的问题。该委员会对地方与中央政府的关系采取"均衡的方针"，一方面，它认为国家的统一应当是重新划分行政区域的主要考虑，拒绝"一种语言一个邦"的理论，另一方面，又承认语言同一性是便于进行行政管理、提高行政效率的一个重要因素，联邦的政治区域通常应当依据语言的要求进行改组。报告书公布后受到多数地区的欢迎，同时遭到问题未解决地区的人民的强烈反对。②

1956 年 8 月，人民院在邦改组委员会建议的基础上，颁布了宪法第七次修正案，通过了邦改组法，即从 1956 年 11 月 1 日起，印度按主要语言分布重新划分为 14 个邦，6 个直辖区。14 个邦是：安得拉邦、阿萨姆邦、比哈尔邦、孟买邦、喀拉拉邦、中央邦、马德拉斯邦、迈索尔邦、奥里萨邦、旁遮普邦、拉贾斯坦邦、北方邦、西孟加拉邦和查谟—克什米尔邦。6 个直辖区是：德里、喜马偕尔、曼尼普尔、特里普拉、安达曼—尼克巴岛和拉凯迪夫—米利考—阿敏迪夫群岛。各邦以该邦主要语言为官方语言。

1956 年邦改组法没有解决孟买邦古吉拉特人和马拉特人分别建邦的要求，锡克人建立单独的旁遮普邦的要求同样没有解决。另外，1956 年邦改组法没有涉及的，就是阿萨姆山区和边境地区部族那加族、米佐族、加洛族等的单独建邦要求。这是比旁遮普问题更为复杂的问题，其中有建语言邦的因素，更主要的是要建立自己部族的统治权，以维护自己部族的利益，且不仅仅是要建立邦，而且还要充分的自治，有的甚至是要建立单独的国家。所以，印度政府并没有把它们作为单纯要求建立语言邦问题看待。

尽管上述问题有些在 20 世纪 50 年代中后期还未能解决，但这次牵涉面很广的邦改组在全国大部分地区把建立语言邦的原则变成了现实。由于原来按土邦地域构成的邦这次都作了调整（克什米尔除外），新的邦与原土邦已没有任何关系，就附带地彻底消除了土邦制的遗迹（克什米尔除外）。

当然，建立语言邦如果处理不好，也会为地方主义的抬头敞开门户，如给地方势力以机会，利用语言文化的同质鼓动群众，谋求自己的特殊利益。对于这点，尼赫鲁力求采取一些预防措施。1956 年邦改组后，根据他的提议在全印建立 5 个大区，即北区、东区、中区、西区、南区，每区包括几个邦。各大区各自成立一个结构，由包括在该区内的各邦首席部长及一些负责官员组成。这是一个咨询性机构，主要讨论本

① 林太：《大国通史：印度通史》，上海社会科学院出版社 2007 年版，第 363 页。

② 陈峰君：《印度社会述论》，中国社会科学出版社 1991 年版，第 215～216 页。

大区经济文化发展的问题，目的是加强各邦之间的横向联系和沟通，从而起到相互影响的作用，并协调解决邦际之间可能发生的冲突。

建立语言邦后，每个邦依然存在着大量的语言少数派。对于这些大量的语言少数派，议会和中央政府颁布的法律、政令都一再强调要给予保护，不得有任何歧视。各语言少数派都有权建立自己语种的学校，发展自己的文化，同时要求它们要承认邦官方语言的地位，努力加强彼此间的沟通与合作。各邦大致上都这样做了，但实践中存在的问题还不少。

在语言方面另一个突出的有争议的问题是全国官方语言问题。英国统治时期，英语被定为官方语言。印度人只有很小部分知识分子通晓这种语言，绝大多数人还是使用自己的母语。独立后为消除殖民主义遗迹，宪法把以天城体书写的印地语规定为印度的官方语言，同时规定英语在官方继续使用到 1965 年。由于印地语在印度也只是不到半数人口使用的语言，主要集中在北印、中印几个邦，所以宪法规定政府应采取措施在全国逐步推广。①

1955 年，建立了官方语言委员会，就印地语取代英语的官方语言地位问题听取各方面的意见，提出解决办法。当官方语言委员会的报告公布后，南印泰米尔语系各邦群情激昂，谴责中央强行推广印地语。许多地区群众的游行示威发展成骚乱。形势迫使尼赫鲁政府不得不重新考虑这个问题。尼赫鲁一再强调，在这个问题上，政府会稳妥慎重，不会强制和感情用事。议会又建立了一个委员会研究解决办法。该委员会提议 1965 年后印地语应成为主要官方语言，英语作为辅助官方语言继续使用，并建议政府制定一个从英语过渡到印地语的计划。议会接受和通过了这项建议，并由总统于 1960 年 4 月颁令实行。为打消非印地语地区群众的顾虑，尼赫鲁 1959—1960 年间反复解释，印地语的官方语言地位决不能强加给非印地语地区，印地语取代英语的时限将根据非印地语地区人民的希望而定。1963 年 5 月，议会通过了《官方语言法》。其中说，鉴于印地语取代英语的条件尚未成熟，决定 1965 年 1 月 26 日印地语成为官方语言后，英语继续作为联邦和议会的官方语言使用。尼赫鲁还解释说，这个法案的目的是撤销宪法中规定的使用英语的确切时限，即 1965 年。②

《官方语言法》的通过暂时平息了南方各邦的不满声浪。非印地语地区人口在全国占大多数，他们要求继续使用英语有很现实的经济和政治利益的考虑，不重视这一点而强制执行宪法规定，将会引起很大动乱。尼赫鲁及其政府的让步是必要的，正确的。

印度独立后，尼赫鲁政府在政治、经济和文教等方面对表列部族采取保护措施。在政治上，在中央和邦立法机关为部族保留一定的席位，在行政机构中为他们保留一定比例的职位；在总统之下设立表列种姓和表列部族专员，照顾部族特殊利益；在中央政府之下组织各种专门委员会，对部族地区的发展与福利工作作出评价；在各邦和

---

① 林承节：《独立后的印度史》，北京大学出版社 2005 年版，第 189 ~ 190 页，第 192 ~ 193 页。

② 林承节：《独立后的印度史》，北京大学出版社 2005 年版，第 196 ~ 197 页。

各中央直辖区（除阿萨姆、梅加拉亚和米佐拉姆外）设立“表列地区”，由总统重点加以关照；在阿萨姆、梅加拉亚和米佐拉姆等邦的“部族地区”设立自治县（共8个），由各自治县的评议会行使该县行政、立法和司法权等。在经济方面，政府在独立后不久，便宣布废除土邦王、部族酋长和柴明达尔的特权，在土地改革中优先照顾部族居民的需要；限制非部族人进入部族聚居地区并在那里定居和购买土地及其他资产；政府还专门制订部族地区发展计划并给予财政和技术的支持，诸如，发展地方工业、家庭手工业，兴修水利，改善农业，发展基础设施等。在文化教育和医疗卫生方面，印度政府也采取一些优待部族民的措施，如减免学费，提供奖学金，免费提供食宿、教科书，在大专院校为部族学生保留名额等。①

随着地方民族势力的兴起，一些涉及各邦利害关系的问题便成为发展各邦之间融洽关系的障碍。② 邦与邦之间的矛盾还表现在邦界的划分、某些有争议地区的归属、中央政府预算拨款的分配、在发展基础设施和使用农业生产方面相互协调和配合等问题上。当然，这种矛盾反映了民族与民族之间的利益冲突。随着地方民族势力的增长，矛盾和冲突也日趋尖锐和激烈。印度一位学者曾就各邦发生争端时写道：在所有这些情况下，各邦首席部长如同独立国家的发言人一样行事，力图为自己的邦争得最大的利益。

二、尼赫鲁的世俗主义思想的实践

（一）宗教平等和世俗化

印度独立后，在恢复和发展经济的同时，政府大力推行世俗化政策，坚持宗教平等，通过立法革除印度教内的种姓压迫和对妇女的压迫。尼赫鲁反复强调社会革命和经济革命、政治革命同样重要。1956年他说：“我们不仅努力实现了一场政治革命，不仅正在努力实现一场经济革命，我们还要同样努力开展一场社会革命。只有这三条战线都取得胜利而合成一个整体，印度人民才能真正进步。”③

印度政府奉行世俗主义政策，穆斯林享有社会政治生活的各种权利，他们通过全民普选制，许多人被选入人民院和联邦院，联邦政府中一直有穆斯林担当部长。锡克教徒在独立初期的状况也大抵如此，印度政府尽量发挥锡克教徒尚武的长处，国防部长由锡克教徒担任，锡克人在军队中也大展身手。因此20世纪50年代前期，各教派之间的冲突事件较少发生。④

同时，印度政府积极推行世俗主义路线，把教育当作实施世俗化、现代化战略的重要组成部分。“在一个宗教信仰和宗教习俗影响很深的社会里，政府的世俗性不但对政治家也对教育家提出了一个问题”。⑤ 尼赫鲁认为，“我们正在进入的时代不仅是

---

① 陈峰君：《印度社会述论》，中国社会科学出版社1991年版，第197页。

② 陈峰君：《印度社会述论》，中国社会科学出版社1991年版，第231~232页。

③ Jawaharlal Nehru, Letters to Chief Ministers, Vol. 4, New Delhi, 1985, p. 369.

④ 林太：《大国通史：印度通史》，上海社会科学院出版社2007年版，第362页。

⑤ （印度）柯帕尔：《印度教育的设想和问题》，王峰译，赵中建校，瞿葆奎主编：《印度、埃及、巴西教育改革》，人民教育出版社1991年版，第254页。

工业时代，而且还是核子时代”，“教育的过程应使男人和女人适应这一时代，适应时代赋予他们的使命。”[①] 宪法在第 28 条规定了公民有决定是否“在某教育机构内参加宗教课程和宗教仪式的自由”，其中第一款规定：“完全由国库维持的任何教育机构不得进行宗教教育。”[②] 1952 年 10 月 6 日正式成立的印度中等教育委员会，根据宪法的规定，建议在对儿童进行宗教教育时，应获得父母和有关管理机构的同意。该委员会强调，必须在学校里制止任何分裂、宗教仇恨和宗教偏见的不良倾向。

（二）表列种姓和落后部落的保护

印度宪法庄严地宣布了法律面前人人平等的原则，废除不可接触制，禁止任何形式的歧视。针对印度教社会种姓压迫和种姓歧视的特点，宪法进行了积极的干预。第 15 条第二款规定：“不得仅仅由于宗教、种族、种姓、性别、出生地点等理由，而使任何公民在下述方面丧失资格，承担责任，遭受限制或接受附加条件：（1）商店、公共饭店、旅社及娱乐场所之出入；（2）全部或部分由国库维持，或供大众使用之井泉、水池、浴场、道路及公共场所之使用。”第四款规定：“本条与第 29 条第二款之规定，不妨碍议会为在社会和教育方面落后的任何阶层的公民，以及表列种姓的进步制定特别条款。”宪法第 16 条第二款规定：“在国家和政府公职的聘用或任命方面不得根据宗教、种族、种姓、性别、家世、出生地点、住所等理由排斥或歧视任何公民。”第四款同时规定：“本条规定不妨碍议会做出规定为某些落后的公民阶层保留若干公职位置，如果国家认为他们在国家公务部门中未得到适当代表的话。”宪法第 17 条规定：“凭借‘贱民制’而剥夺他人权利的行为属于犯罪行为，应依法惩处。”[③] 宪法坚决地废除不可接触制，以一系列的法律语言表达了社会进步的理念。

宪法还规定，有部落居民的邦应建立部落咨询委员会，就与改进部落居民福利有关的事务协助政府开展工作。改善表列种姓和表列部落的工作由联邦和邦内务部负责。联邦政府专门设立 1 名由总统任命的表列种姓和表列部落专员，负责监督宪法有关规定的落实。

印度政府不断采取立法措施，对不可接触制度的复活严加防范。1955 年，印度政府通过《不可接触制犯罪法》，强调指出，对前贱民实施任何不可接触制的歧视行为，都将构成刑事犯罪。该法规定：不允许前贱民进入寺庙，不允许他们到圣河沐浴，为他们进入商店、河流、墓地、旅店、餐厅和公共设施设置障碍，阻止他们举行宗教仪式，不允许他们佩戴首饰和穿着华丽的衣服，不允许他们进入医院，不允许他们买东西等项都触犯法律，都将受到惩罚。运用罢工手段反对不可接触者和开除不实行不可接触制度者的人，也将受到法律的制裁。而《民权保护法》再一次申明废除不可接触制度的重要性，详细列举了禁止不可接触性歧视的具体行为，如对表列种姓在进入商店、餐馆、旅馆、医院、教育机构和其他公共场所的限制，以及在就业、专

① Sarvepalli Gopal (ed), Jawaharlal Nehru: An Anthology, Oxford University Press, 1980, pp. 277 ~278.

② 郭登皞等译：《印度宪法》，世界知识社 1951 年版，第 10 页。

③ 郭登皞等译：《印度宪法》，世界知识社 1951 年版，第 5 ~6 页。

业培训、利用公共水源、使用公厕、道路、公共交通工具、衣着配饰、购物等方面的限制；用行为、言语和举止侮辱表列种姓等。① 中央要求各邦政府监督这项法律的执行，中央政府则须每年向议会两院报告废除不可接触制的进展情况。印度政府利用法律的武器，要求社会放弃旧的宗教心理，用世俗理性强制规范公民在此问题上的行为，充分发挥了政权的导向作用，义不容辞地担起了解放贱民、铲除社会不公、实施社会世俗化的历史责任。②

表 5　表列种姓占印度总人口的比例

人口普查	1951	1961	1971
表列种姓	15.32%	14.67%	14.60%

来源于：Mrs. Manju Kumar：Social Equality：The Constitutional Experiment In India，New Delhi，S. Chand & Company Ltd.，1982，p. 159

表 6　人民院为表列种姓保留的席位数

	1952	1957	1962	1967	1971
总数	489	494	494	521	522
保留数	70	76	76	77	77

统计表显示，在保留席位问题上，宪法的规定得到了执行。

来源于：Mrs. Manju Kumar：Social Equality：The Constitutional Experiment In India，New Delhi，S. Chand & Company Ltd.，1982，p. 159

"保留制度"保证了低级种姓和表列种姓能平等参与和享受中央及地方各级的立法以及行政管理的政治权利。例如，第一次大选和第二次大选时，大部分人民院选区都为单议员选区，即每一选区只选举一名议员。为保证表列种姓和表列部族的成员能够当选，政府在他们的聚居地区设双议员选区，其中一席必须保留给他们。1952 年，在人民院总共 479 个竞选席位中，为表列种姓保留了 70 个席位，1962 年的 488 个总议席中，保留席位为 76 席。按照政府规定，公营企业的人员编制、学校的奖学金名额，也都分别为他们作了一定比例的保留。议会席位保留制宪法原规定以 10 年为限，政府认为 10 年是不够的，所以期满后又通过制定宪法修正法案把期限延长 10 年，后来的政府都采取到期续延的办法。

处于印度社会最底层的低级种姓和表列种姓、表列部落群体，得到了政府有力的扶持。在农村，政府以赎买方式废除包税地主制，实行土地最高限额，改革租佃关系等，这一系列土地改革的主要受益者是低级种姓和表列种姓为主的佃农和雇农。政府还在每个"五年计划"中，专门拨出扶贫款，以使该群体的解困和持续发展有一定

① 邱永辉：《现代印度的种姓制度》，四川人民出版社 1996 年版，第 190 页。
② 林承节：《印度现代化的发展道路》，北京大学出版社 2001 年版，第 443 页。

的保障。当社会对歧视低级种姓和表列种姓的陋习进行抨击时，这原先的弱势群体也开始冲破职业世袭的旧限制，他们自行抉择职业和经济活动，尝试向新的领域拓展，不少人还取得了相当的成功。经济的实力地位与种姓逐渐脱节，经济发展使种姓制度的根本发生了动摇。①

在独立后的发展进程中，不少表列种姓成员通过自身的努力和社会的帮助，成为新的中等阶级的一员。“不少表列种姓成员在接受良好的教育后，有了好的工作，穿戴整洁，谈吐优雅，举止得当，丝毫显示不出他们的出身背景。”② 原贱民出身的一些政治家有的已跃居印度政坛高层，在政治生活中所起的作用也不小。例如，来自北方邦的表列种姓政治家贾格吉万·拉姆，从尼赫鲁时期起，就一直是中央政府的部长，他在印度政坛起着重要的平衡作用。但是，印度低等种姓的政治家在印度政坛为数稀少，这与其庞大的人口数目不成比例。

尼赫鲁说：“印度全体人民都应当受到保护，并且有权获得社会、经济和政治上的公正，地位和机遇上的平等，思想、语言、信念、信仰、崇拜、择业、结社和行为的自由，只要这些行为服从法律和公共道德。”③ 由于尼赫鲁坚持每一个印度公民和社会团体都应当从国家那里得到同样的保护和权利，因此他不主张给予任何少数派教团以特权。虽然尼赫鲁不主张给予任何教团以特权，但是他主张给予那些在经济和文化上落后的少数民族或社会集团以特殊的待遇和保护。他认为，印度有一些少数民族和边远山区的部落民在经济和文化上都是十分落后的，他们的落后是由于各种历史原因造成的，是长期缺乏机遇和被其他集团压制的结果。

表列部落在全国分布很广，最集中的地区是东北边境、比哈尔、奥里萨和中央邦。西孟加拉、马哈拉施特拉、古吉拉特和拉贾斯坦也相当多。部落民大部分居住在山区和森林地带，务农者居多，经济文化一般都很落后。政府对部落民的政策是通过积极帮助、扶植，把他们整合到印度主流社会中，逐渐跟上主流，同时又能保留自己的文化特色。尼赫鲁强调，部落地区必须得到发展，而发展要靠部落民自己，不能由外界力量强加给他们。在联邦政府扶植表列部落的政策指导下，各邦也采取了一些措施，贯彻和落实改善部落民的政治经济地位的方针。

（三）妇女地位和权利的维护

印度宪法明文规定，印度公民在法律面前人人平等，不得进行性别歧视。在政治权利方面，宪法第325条规定，印度公民不论宗教、种族、种姓和性别，一律享有选举权；第326条规定，凡年满21岁的男女公民，都享有被选入人民院和邦议会的权利。在经济权利方面，宪法还规定男女同工同酬，产妇享有产假和国家补贴的待遇。除了强调男女平等的原则，宪法精神的另一方面是加强对妇女的特殊保护。宪法第15条规定，国家不得仅根据性别等理由而对任何公民有所歧视。但在第三款强调：

---

① 林太：《大国通史：印度通史》，上海社会科学院出版社2007年版，第366～367页。

② 邱永辉：《现代印度的种姓制度》，四川人民出版社1996年版，第132～133页。

③ M. Balasubramanian, Nehru: a study in secularism, New Delhi 1980, p. 72.

"本条规定不妨碍国家专为妇女儿童做出任何特殊规定。"[①] 随着印度民主政治建设和经济建设的深入进行，印度妇女政治环境和经济环境都比独立前优越。

尼赫鲁认识到，要彻底改变妇女地位，就必须制定个人法，实行法律保障。1954—1956 年，议会通过了一系列法案，合起来被称为《印度教个人法法典》。其中有：1954 年通过的特别婚姻法，把结婚年龄确定为男 21 岁，女 18 岁；1955 年通过的印度教徒婚姻法，规定禁止童婚，允许离婚，禁止一夫多妻，提倡不同种姓通婚；1956 年通过的印度教未成年人监护法，规定父亲为未成年子女第一自然监护人，母亲为第二监护人，但对 5 岁以下幼儿有优先权；1956 年通过的印度教徒收养法，规定丈夫收养子女需要妻子同意，收养男孩、女孩均可，未婚女子、离婚者、寡妇都能收养；1956 年通过的印度教徒继承法，规定男女在财产继承方面有平等权利。这些法令较彻底地革除了印度教内压迫妇女的陋规。上述印度教个人法法典，按规定还适用于耆那教徒、佛教徒和锡克教徒。对袄教、基督教徒，另外制定了专门的法律。独有伊斯兰教徒，政府没有为他们制定个人法，他们的婚姻、家庭和财产继承仍遵循伊斯兰教法。伊斯兰教内对妇女的压迫和印度教没有多大差别，同样亟须立法革除。尼赫鲁没有做，是考虑到留在印度的穆斯林还有不少人对政府有疑虑，关注政府是否有保护少数派合法权益的诚意。为防止引起波动，影响大局，他希望待时机成熟后再制定伊斯兰教徒个人法。

改善妇女地位的根本途径在于提高妇女和全体人民的认识和文化教育程度。政府采取了积极措施兴办学校，扩大教育，尤其是鼓励女童入学。20 世纪 50 年代开始有较多女童接受了初等和中等教育。1960 年在大学里有 20 万名女学生，说明和以前比，女子教育有一定进展。不过，女子教育仍很落后。1961 年普查，全国识字率为 23.7%，女子识字率仅为 12.8%。[②]

（四）影响实行世俗主义努力的因素和成效

印度独立后，尼赫鲁政府采取了一系列举措，有效地抑制了教派主义势力。但因国际、国内的发展环境变化，致使教派主义到 20 世纪 50 年代后半期在印度又有重新抬头之势。尼赫鲁及时看到了教派主义的危险，他利用各种机会揭露和批判教派主义，号召全民提高警觉，不要受其欺骗。尼赫鲁反复指出，教派主义是国家团结进步的大敌，听任教派主义泛滥而不加制止，就会毁灭印度。[③] 1957 年在给友人的信中他很忧虑地说："就个人而言，我感到印度面临的任务不仅是发展经济，实现印度人民心理和精神上的整合是更重要的任务。"[④]

印巴分治后的克什米尔邦问题使得尼赫鲁的世俗主义努力变得不是那么容易解决，因为，除了宗教因素外，还有其他多种因素的影响。按真纳的两个民族理论，印

---

① 郭登皞等译：《印度宪法》，世界知识社 1951 年版，第 5 页。

② 林承节：《印度独立后的政治经济社会发展史》，昆仑出版社 2003 年版，第 115 ~ 118 页。

③ Bipan Chandra，India since independence，New Delhi，1999，pp. 78 ~ 79，pp. 180 ~ 181.

④ Sarvepalli Gopal（ed），Jawaharlal Nehru：An Anthology，Vol. 3，Delhi，1984，p. 22.

度教徒与穆斯林因宗教的不同而被划为不同的民族。印度国大党和印度政府坚决反对两个民族的理论，坚持世俗主义的政治方向，认为如果使查谟—克什米尔归属印度，可令两个民族理论不攻自破，为多元的世俗主义政治做出实质性辩护。尼赫鲁认为："克什米尔是一个象征，它能展示我们作为一个世俗国家的形象。"① 印度政府一直想通过世俗民族主义的灌输，把克什米尔变成民族整合的基地。② 后来事实发展表明，克什米尔问题因尼赫鲁世俗主义努力中夹杂着其他企图，因此，也就没能取得预想之中的成功。

尼赫鲁的世俗主义思想，不仅是他领导的印度政府，而且也是后来历届政府处理宗教、民族和其他社会问题的指导方针和理论基础。历史事实已经证明，世俗主义在很大程度上影响了独立后印度政治、社会和宗教制度的形成和发展，甚至影响到印度的各种法律法规、道德观念、风俗习惯和日常生活的变化。历史学家鲍列斯·查特吉对此评论："尼赫鲁最伟大的成就之一，就是建立了一个世俗的国家。在这个国家中有4，500万穆斯林没有选择去巴基斯坦，而且能够和平地生活，并信仰着他们所喜欢的宗教。"③

第四节　军事思想的实践

一、军队与政权的关系

按照印度宪法规定，总统是全国武装部队的最高统帅，有权任命陆海空三军将领，主持印度最高军事决策机构的会议并根据该机构的决定宣布战争及媾和。不过，与议会民主制相适应，总统应由政府总理和国防部长协助行使权力，且行使军事权力不能独立于立法的控制，重大决策必须以议会通过的法律为依据。这样规定是为了保证军队服从政府指挥，而政府要受立法权的制约。这也是实行议会民主制的要求。④

尼赫鲁等人沿用英国在印度的文官治军体制，加强文官对军队的控制。最高国防决策机构是内阁的国防委员会（后改为内阁政务委员会），由总理兼任委员会主席。国防执行机构为国防部，全部为文官。国防部负责协调3个军种的关系；向三军传达国防委员会的决策并监督执行；从议会得到财政部核准的国防费用。在军事领导机构方面，废除了英国实行的由陆军总司令统帅海、空军的制度，三军分立，每个军种各设总司令统帅该军（1955年三军总司令改称参谋长），分别向国防部负责。⑤

尼赫鲁坚持军队坚持军不问政的传统，要求军队不受政党政治的影响⑥。文官治

① Ashutosh Varshney, India, Pakistan, and Kashmir: Antinomies of Nationalism, Asian survey, No. 11, November1991, p. 1002.

② Sunlit Ganguly, Kanti Baimi, India And The Crisis In Kashmir, Asian Survey, No. 5, May 1994, p. 405.

③ Vishnoo Bhagwan, Indian Political Thinkers, Delhi, 1976, p. 137.

④ 林承节：《印度独立后的政治经济社会发展史》，昆仑出版社2003年版，第66~67页。

⑤ 高鲲，张敏秋：《南亚政治经济发展研究》，北京大学出版社1995年版，第38页。

⑥ Jawaharlal Nehru, Selected works of Jawaharlal Nehru, second series (Vol. 1), New Delhi, 1984, p. 412.

军使印度军队服从政府的绝对领导，而不论它是由哪一个政党组成的。因此，独立以来印度从来没有发生过军事政变。

二、军队建设和军备思想的贯彻实行

印巴分治时，根据协议印度分得陆军 31 万，海军和空军分别为 1.1 万和 1.2 万人。原英印军队中印度人做中高级军官，仅有 4 名准将、23 名上校和 240 名少校。

1947 年 9 月，印度成立了国防决策机构，即以尼赫鲁总理为首席的内阁国防委员会。1948 年，印度废除了总司令统辖陆海空三军的制度，实行三军分立，分别设三军总司令，均向国防部长负责。国防部长由文职担任，加强文官对军队控制。为尽快培养印度军官，尤其是高级将领，印度政府采取了许多措施。陆海空军分别成立军事院校，1948 年印度成立了国防学院。自治领建立时，印度有 560 多个土邦，各土邦都有军队。土邦加入联邦后，印度政府对土邦军队采取渐进的措施，接管土邦和土邦联盟的军队，进行统一整编，解散那些并入邦和直辖区的小土邦的军队，或吸收加入正规军，或改编为地方部队，使其成为印度军队的一部分。至 1958 年，基本上按照尼赫鲁的要求实现了军队的“印度化”建设。①

在印度传统文化的潜移默化影响下，尼赫鲁希望印度有一个和平发展的环境，所以，他特别批评了那种以备战来免战的认识。在 1962 年中印边境战争以前，印度军费开支占 GDP 的比例从未超过百分之二点二②，在整个印度经济中所占比例应该是不高的，由此也可以看出最初尼赫鲁对于军备的态度和指导思想，他不愿意军费占用了本就不多的经济资源（但后来尼赫鲁的军备思想发生了很大的变化，迈开了扩军的大步，尤其是在“三五”经济计划期间最为明显）。

第五节　科技和教育思想的实践

一、科技思想及实践

尼赫鲁从小就对科学产生了浓厚的兴趣。在领导印度人民争取自由的民族独立运动中，尼赫鲁深刻认识到，印度之所以受奴役，西方殖民者之所以能建立并维持对印度的统治，根本原因就在于印度科技发展的落后。尼赫鲁意识到：“要研究印度的力量和弱点以及它退化和衰败的根源在于长期的而且是错综复杂的事。但它衰败的近因是显而易见的。印度在技术的进展上落后，而欧洲，虽然有许多方面是长期落后，但在技术方面则是带头。在技术进步的背后，有一种科学的精神与活泼的生命和气魄，表现在许多活动和关于发现的冒险旅程中。新的技术使西欧许多国家得到军事力量，所以它们易于向东方发展并支配东方。这不仅对于印度是如此，而且差不多对于整个亚洲也是如此。”③

---

① Jawaharlal Nehru, Selected works of Jawaharlal Nehru, Vol. 8, New Delhi, Orient Longman, 1976, p. 607.

② 吴华，沈威力，郑洪涛：《南亚之狮——印度》，时事出版社 1997 年版，第 145 页。

③ 尼赫鲁：《印度的发现》，世界知识社 1956 年版，第 53 页。

尼赫鲁一贯重视和热心科技事业。作为印度第一任总理，在其执政期间，他采取了一系列行之有效的政策和措施，亲自倡导、鼓励和推动科学技术的应用与发展，为印度科技事业的腾飞奠定了基础，开拓了道路。

尼赫鲁把实现科学技术的自主视为维护国家政治独立和经济独立的关键，他明确指出，摆脱发达国家政治束缚的关键是经济独立。在尼赫鲁看来，只有科学技术才能解决印度所面临的许多问题。他在 1962 年对斯里兰卡科学促进协会的演讲中指出，“虽然我长期投身于印度的政治斗争，但我的思绪常常使我回忆起在剑桥大学作为一名学生常去科学实验室的那些日子。在后来若干年的变化发展中，我再一次重新认识了科学。政治生涯把我引向了经济学，而经济学又把我引回到科学和科学方法以解决我们的各种问题。唯有科学才能战胜饥饿和贫困、疾病和文盲、迷信和积久的习俗及传统，唯有科学才能解决被饥饿人群所困的富庶国家的问题。今天有谁能够忽视科学？我们必须事事求助于科学。未来属于科学，属于与科学为友的人”。

尼赫鲁不仅强调重视科技的重要性，而且强调关注科技的发展，革新思想，跟上时代步伐。他在 1952 年的电台广播讲话中指出，我们生活在一个科学的时代，我们感受到许多革命，但在过去 50 年中最伟大的革命力量就是科学，科学改变了人类生活，改变了政治、社会和经济结构，这种变化过程正以加速的步伐继续发展，我们必须理解它。

尼赫鲁主张实行有计划的发展科学技术。他认为，计划化是经济发展和实现自力更生的唯一有效途径，而自力更生只有在科学技术与整个计划战略紧密结合的前提下才能实现，因此，科学技术的发展是计划化发展中的重要组成部分。1958 年，印度政府颁布了由尼赫鲁提出的“科学政策决议”。[①] 该决议的颁布使印度科技发展有章可循，目标明确，成为长期指导印度科技发展的大政方针和基本政策。

在三个五年计划中，科技投资不断增长。其中，技术教育占教育投资的比例从一五计划的 13% 增加到二五计划的 18% 和三五计划的 21%。1947 年政府用于科研的费用为 0.24 亿卢比，到 1964 年增加为 5.5 亿卢比，18 年中增长了 20 多倍，保证了政府科研计划的资金来源。经过三个五年计划的发展，到尼赫鲁去世时，印度的科技发展已取得了显著的成就。

表 7　印度政府各个五年计划期间的科技投资

（单位：亿卢比）

计划时期	计划投资额	非计划投资额	投资总额
“一五”计划（1951～1956）	1.4	0.6	2.0
“二五”计划（1956～1961）	3.3	3.4	6.7
“三五”计划（1961～1966）	7.1	7.3	14.4

① 孙培均：《中印经济发展比较研究》，北京大学出版社 1991 年版，第 209 页。

三个年度计划（1966～1969）	4.71		
“四五”计划（1969～1974）	14.2	23.1	37.3

资料来源：印度政府：《2002～2003 年度经济调查》，印度政府财政部经济处，2003 年，第 38、42 页。（转引自文富德、唐鹏琪：《印度科学技术》，巴蜀书社 2004 年版，第 52 页。）

尼赫鲁亲自抓科技的研究与开发工作，这一做法后来为英迪拉和拉吉夫所继承，从而，在印度形成总理为首的一元化科学技术领导体制。从 1947 年独立直到 1964 年去世，尼赫鲁坚持出席和主持“印度科学协会”每年的年会，从未缺席。①

总之，作为印度首任总理，尼赫鲁在其任内采取了一系列行之有效的具体政策和措施，使印度的科学技术发展取得了显著成就，归纳如下：

（1）通过加强或新建中央科研组织，全国科研机构布局已初具规模，并投入运行，形成了从中央到基层的完整的全国性的强大的科学研究网络。

（2）通过增设大学和建立美国麻省理工学院式的高级理工学院，培养了大批科技人员。全印科技人员从 1950 年的 18.8 万名增加到 1965 年的 73.15 万名，15 年中增长了近 4 倍。印度的科技力量被西方国家认为在世界上名列第三，仅次于苏联和美国。不仅如此，印度科技人员的许多科研成果居于世界前沿。

（3）通过各种科研机构的不懈努力，取得了一系列重要科研及应用成果。1956 年印度科学家设计和建成第一座原子反应堆，这也是亚洲首次投入使用的原子反应堆。印度 1962 年成立国家宇航研究委员会，1963 年建立顿巴赤道发射站和综合开发中心，航天技术也取得很大成就，成为世界上第 7 个能自己制造运载火箭的国家。这些成就既体现了尼赫鲁领导时期印度科技发展的进程，也为印度未来的科技发展奠定了基础，开拓了道路。②

二、教育思想及实践

英国统治时期，为了培养维持殖民统治和剥削所需要的公务员、公司职员、工程技术人员和自由职业者，殖民统治者不得不从印度人中培养大批知识分子。要想这样做，就要通过培养一大批思想情趣完全英国化的印度知识分子，并通过他们发挥扩散效应，来达到对印度的思想同化的目的。因此，对发展高等教育，殖民统治者很下功夫，很早（1857 年）就建立了三所大学和一批学院，用英语作媒介，实行西化教育。结果，殖民统治带来的教育发展是严重畸形的。一方面，高等教育的发展和高校毕业生的数量在当时的殖民地半殖民地中走在前列，另一方面，全国文盲之多、学童在学率之低在殖民半殖民地中也是极为突出的。独立时全国高等学校的学生有 30 万人，而全国识字人口到 1951 年只占总人口的 16.6%，农村识字人口占 6%，学龄儿童有 60% 不能入学，妇女识字率只有 8.9%。

---

① 尚劝余：《尼赫鲁研究》，四川人民出版社 1999 年版，第 89 页。

② 尚劝余：《尼赫鲁研究》，四川人民出版社 1999 年版，第 93～94 页。

独立后，政府面临的紧迫任务之一是发展教育，改变殖民统治造成的教育落后和畸形。这不仅是保障公民受教育权利、体现机会平等所必需，也是促进国家经济文化发展和社会进步的前提条件和重要内容之一。宪法规定要使教育得到全面而充分发展，要在 10 年内实现 14 周岁以内学龄儿童的普遍义务教育。还规定凡国家主办的任何教育机构或接受国家基金拨款的任何教育机构均不得以宗教、种族、种姓、语言和其他理由拒绝学生入学，信奉不同宗教和操不同语言的少数派都有权建立自己的教育机构，国家在教育方面对妇女特别关心，对表列种姓和表列部族要加以扶植和照顾。这些规定既体现了宪法制定者们对教育的高度关心，也是在教育领域贯彻公民权利平等原则的体现。①

尼赫鲁政府成立后，百废待兴，但还是把振兴教育放在非常重要的地位。1948 年，尼赫鲁就指出："教育的整个基础必须进行一次革命。现行的教育制度或许适应以往的形势，但在现在的情况下继续这种制度只会妨碍国家的发展。"在发展资金十分缺乏的情况下，政府还是拨出大笔经费来发展教育。1951—1952 年度国家财政预算中的教育支出为 1. 98 亿卢比，到 1964—1965 年增加到 14. 627 亿卢比，增幅达 7 倍之多。教育经费占国民生产总值的比重 1950—1951 年度为 1. 2%，1960—1961 年度增加到 2. 5%。教育经费绝大部分来自政府拨款，少部分来自地方机构资助、接受馈赠和学费收入。政府拨款中，分为计划经费和计划外经费，中央拨一部分，邦政府担负大部分。尼赫鲁发现，有些邦对教育重视不够，借口经费紧张，对初等教育拨款该到位的不到位或大幅度削减，以致教育的发展受到很大影响。尼赫鲁严厉批评这种做法，他说："教育是一切的基础。"除非经费紧张得我们的很多项目都取消了，我们已动弹不得，否则，就不能削减教育拨款。他甚至说如果确有困难，宁可适当削减工业拨款。②

尼赫鲁执政期间，尽管在整个教育体制上还没有来得及进行根本性的改革，但在量的增长方面成绩是显著的。初等教育方面，一至五年级入学学生数 1950—1951 年度为男生 1，377 万人，女生 538 万人，到 1965—1966 年度增加到男生 3，218 万人，女生 1，829 万人。中等教育方面，入学学生数 1950—1951 年度男生为 102 万人，女生 19 万人，到 1965—1966 年度增加到男生 408 万人，女生 120 万人。同期中等学校的数量由 7，288 所增加到 24，477 所。高等教育方面，独立时，大学有 18 所，学生近 30 万人，到 1964 年，大学增加到 54 所，学院增加到 2，500 所，大学生和研究生增加到 613，000 人，其中女生占学生总数的 22%。

然而，邦一级对教育的重视是不平衡的，特别是对初等教育重视不够。结果，从全国说大学和中学的发展速度快于小学，独立前那种重高等教育轻初等和中等教育的畸形发展没有改变。就基础教育说，如果把人口增长的因素考虑在内，则初等和中等教育的发展速度是远远落后的。宪法规定的到 1961 年完成 14 岁以内学龄儿童义务教

---

① 林承节：《印度独立后的政治经济社会发展史》，昆仑出版社 2003 年版，第 118 ~ 120 页。

② Sarvepalli Gopal，Jawaharlal Nehru：A Biography，New Delhi，1984，pp. 158 ~ 159.

育的指标未能完成，不得不把期限延长到1966年。到1965—1966年，6—14岁的学龄男童只有61%在校，女童只有43%在校，而且入学的学生还有相当高的比例中途辍学，女童辍学率更高。这就是说，宪法规定的1966年完成义务教育的期限指标又落空，不得不再度延期。到1965年，全国农村人口5%的地区连小学都没有。至于现有的大部分农村小学，其教师的缺乏、资金的短缺、设备的落后在10多年内几乎没有大的变化。①

第六节　不结盟外交思想的实践

一、反帝反殖外交与和平共处

自15世纪末葡萄牙人达·伽马到达印度后，殖民者开始了对印度等国家的殖民活动，几乎是和新航路的开辟活动相伴随的。随后，荷兰、法国、英国相继侵入，直到印度最后完全沦为英国的殖民地。1946年9月26日，尼赫鲁在一个记者招待会上说："印度将支持附属国人民争取自由的原则。"② 在世界事务中，他一贯谴责种族主义、殖民主义、帝国主义、法西斯主义，同情和支持被压迫民族事业。③ 同情和支持中国、西班牙、埃塞俄比亚人民的反法西斯斗争。1947年3月，尼赫鲁在德里召开的亚洲关系会议上强调："任何形式的殖民主义在亚洲或其他地方的存在，将产生冲突和对和平带来威胁。"④ 1952年6月12日，尼赫鲁在印度人民院就外交事务做演说时，指出："我们……坚定不移地反对任何地方存在的殖民统治。"⑤ 所以，在感情上尼赫鲁和印度会同情、理解殖民地人民的斗争，或前殖民地人民的反殖斗争。

印度独立斗争曾得益于世界进步力量的支持，尼赫鲁认为印度独立后有义务向尚在为独立而斗争的民族伸出援助之手。对战后荷兰、英国、法国在东南亚恢复殖民统治，镇压那里的民族运动，印度政府持谴责态度。1948年底当荷兰镇压印尼的民族斗争，拘捕印尼共和国领导人时，印度严厉谴责荷兰的侵略行径，并于1948年底邀请印度洋周边国家在德里举行国际会议。会上一致抗议荷兰的军事行动，对印尼反侵略的正义斗争表示声援，还要求联合国安理会采取措施，使印尼在一年内得到独立。当发生英、法等老殖民帝国主义国家入侵埃及时，尼赫鲁自然而然地站在埃及一边，对侵略行为予以谴责。同样，尼赫鲁呼吁印度支那地区停火，也包含了他对印度支那三国人民的同情。对南非和罗得西亚的白人种族主义统治，印度政府也多次在国际会议上予以谴责，要求给非洲人以平等权利。西方殖民主义对印度几个世纪的统治，使尼赫鲁和印度的民众在思想上对任何形式的外来侵略和统治产生了本能的反抗，反帝

① 林承节：《印度独立后的政治经济社会发展史》，昆仑出版社2003年版，第120~122页。

② （印度）纳塔拉詹，姚华译：《美国阴影笼罩印度》，世界知识社1954年版，第164页。

③ Michael Brecher, Nehru : a political biography, London: Oxford University Press, 1959. p. 212.

④ Jawaharlal Nehru's Speeches, Vol. 1, New Delhi, 1950, p. 326.

⑤ Jawaharlal Nehru's Speeches, Vol. 2, New Delhi, 1954, p. 318.

反殖就成为独立后印度外交政策的重要内容。①

1950年，美国为实现其称霸世界的野心，发动了侵朝战争。在朝鲜战争中，印度是为数不多的承认中国的非共产党国家之一。它利用这一条件与各方保持接触，对促成停火谈判作出了贡献。1950年7月，尼赫鲁致电斯大林和当时的美国国务卿艾奇逊，呼吁停战，主张和平解决朝鲜问题。1950年6月到1952年12月期间，在联合国关于朝鲜问题的9次重大提案表决中，尼赫鲁5次弃权，一次投票反对美国提出的诬蔑中国为侵略者的提案，并在国内举行多次反战和平集会活动，尼赫鲁政府积极参加促进朝鲜停战的实现。② 停战后，又参加了战俘的看管，担任了中立国军事停战监察委员会主席，主持了中立国遣返委员会的工作，为维护亚洲和世界的和平与安全作出了贡献。

在印度支那战争期间，尼赫鲁为争取停战恢复印支和平进行了努力。日内瓦会议前夕，尼赫鲁在印度人民院发表关于印支问题的声明，提出6点建议，主张立即停火。日内瓦会议期间，尼赫鲁几次就印度支那停火问题发表声明，对于恢复印支和平表示深切关注。与此同时，由尼赫鲁参加的南亚五国总理科伦坡会议精神，列席日内瓦会议，在会议期间，与苏联、中国合作，为促进世界和平起了重要作用。为了监督越南、老挝和柬埔寨实现停止军事行动的协定，由加拿大、印度和波兰代表组成国际委员会，印度代表任主席，这是国际上对印度的功绩的承认。③

和平共处五项原则（印地语为潘查希拉）最早由中国总理周恩来提出，尼赫鲁予以积极响应。1953年12月31日，周恩来在中印两国政府谈判代表团就中印在中国西藏地方的关系问题于北京开始谈判的第一天，接见印度谈判代表团的成员时说："我们相信，中印两国的关系会一天一天地好起来。某些成熟的、悬而未决的问题一定会顺利地解决的。新中国成立后就确立了处理中印两国关系的原则，那就是'互相尊重领土主权、互不侵犯、互不干涉内政、平等互惠和和平共处的原则'。"④ 这五项原则后来正式写入中印双方于1954年4月29日达成的《关于中国西藏地方和印度之间的通商和交通协定》的序言中。⑤

1954年5月2日，尼赫鲁在出席科伦坡南亚五国总理会议之后，在科伦坡作广播讲话时宣传了和平共处五项原则。⑥

1954年6月28日，由周恩来、尼赫鲁共同发表的《中印两国总理联合声明》中又重申了这些原则，并提出在两国"与亚洲以及世界其他国家的关系中也应该适用这些原则"。"如果这些原则不仅适用于各国之间，而且适用于一般国际关系之中，

---

① 林承节：《印度独立后的政治经济社会发展史》，昆仑出版社2003年版，第52～53页。

② 尚劝余：《尼赫鲁研究》，四川人民出版社1999年版，第102页。

③ 尚劝余：《尼赫鲁研究》，四川人民出版社1999年版，第102～103页。

④ 《周恩来外交文选》，中央文献出版社1990年版，第63页。

⑤ 《中华人民共和国条约集》，第三集（1954），法律出版社1958年版，第1页。

⑥ Jawaharlal Nehru's Speeches, Vol. 3, New Delhi, 1958, p. 253.

它们将形成和平和安全的坚强基础。而现时存在的恐惧和疑虑则将为信任感所代替。”[①] 五项原则的提出和倡导是对确立平等的新的国际关系准则的重大贡献，是对帝国主义一直强制推行的少数发达国家欺压广大弱小国家的国际秩序的根本否定，不仅得到中印两国人民的热烈拥护，也得到国际上一切进步势力的赞扬。[②]

印度是1955年4月在印尼万隆召开的亚非会议的5个发起国之一。邀请中国参加也有尼赫鲁的一份努力。会议期间，尼赫鲁和周恩来在许多问题上积极合作，克服种种困难，促进了会议的成功。大会的最后公报在中印总理倡导的五项原则的基础上，提出了处理国际关系的十项准则，中心内容是尊重各国主权和领土完整、国家不分大小一律平等、反对干涉别国内政、反对侵略、用和平方式解决争端。这就是著名的万隆精神。

二、不结盟政策和不结盟运动

不结盟最初是尼赫鲁倡导的印度的外交政策，当这一政策被一批刚刚摆脱殖民统治而赢得独立的国家竞相仿效时，就演化成不结盟运动。独立之初的印度奉行不结盟政策，不参加两大军事集团，它曾调停朝鲜战争、呼吁印度支那停火，在联合国提出裁军建议，与中华人民共和国共同倡导和平共处五项原则。这些行动提高了印度的国际地位，印度的不结盟政策日益为国际社会所认可。1955年2月25日，尼赫鲁在印度人民院满意地说，“正如议会所知道的，在最近几年里印度采取和坚持的政策正为许多国家所欣赏。一些亚洲其他国家，不是因为我们，而是因为他们自己的原因，执行与我们类似的政策。那些没有执行这一政策的国家也开始重视我们的政策。我们执行这一政策是因为我们确信它是一项正确的政策。即使世界上没有其他国家执行，我们也将继续坚持这一政策。……议会知道，我们在亚洲的好朋友，如缅甸、印尼在国际事务上采取了与我们类似的政策。”[③] 不结盟政策维护了印度民族利益，使印度从两大敌对集团中都得到了好处，同时又保持了印度行动的独立与自由。

不结盟政策转变为不结盟运动的标志，是1955年4月在印尼万隆召开的第一次亚非会议。万隆会议讨论的议题除了如何加速消除殖民主义与外国支配外，就是强调亚非新兴国家应在东西方冷战中严守不结盟政策。这次会议中尼赫鲁、纳赛尔和苏加诺等人建议，在东西方冲突之外成立一个同盟。[④] 万隆会议有29个亚非国家参加，代表着当时世界半数以上的人口，所以不结盟思想在这之后就具有世界性的影响，不结盟运动就随之出现了。

在不结盟运动方面，尼赫鲁这时有了两位政治上的盟友：铁托和纳赛尔。1954年底至1955年初，铁托访问印度，在不结盟问题上有许多共同看法。在他们发表的联合公报上，表示要奉行“不结盟政策”。这时，在中东政治舞台上出现了纳赛尔，

---

① 世界知识社编：《日内瓦会议文件汇编》，世界知识社1954年版，第315页。

② 林承节：《印度独立后的政治经济社会发展史》，昆仑出版社2003年版，第136～137页。

③ Jawaharlal Nehru's Speeches, Vol. 3, New Delhi, 1958, p. 283.

④ 刘青雷：《现代国际关系的中立与不结盟》，幼狮文化事业1984年版，第273页。

反对殖民主义、致力于阿拉伯团结的纳赛尔也把目光投向不结盟。纳赛尔声称："我们既不服从于西方，也不服从于东方。"①

1956 年 7 月，南斯拉夫总统铁托邀请尼赫鲁、纳赛尔举行高层会议。这是不结盟运动"三巨头"的首次会面，会后发表的主要文件《布里奥尼宣言》，提出了不结盟运动的基本纲领。1961 年 9 月 1 日，25 个国家在贝尔格莱德举行了第一次不结盟国家首脑会议，会议通过了《不结盟国家和政府首脑会议宣言》。《宣言》要求全力支持为争取和维护民族独立而斗争的各国人民；反对殖民主义和帝国主义；全面裁军，禁止核战争；倡导与会国加强经贸、文化合作等。不结盟运动正式形成。随着不结盟运动的发展，不结盟组织成为仅次于联合国的国际性政治组织，成为国际舞台上一支不可忽视的力量，在维护世界和平中发挥着越来越重要的作用。②

三、大国思想和表现

早在印度获得独立之前，尼赫鲁就在他的《印度的发现》一书中为印度的未来勾画出一幅宏图："在将来，太平洋将要代替大西洋而成为全世界的神经中枢。印度虽然并非一个直接的太平洋的国家，却不可避免地将在那里发挥重要的影响。在印度洋地区，在东南亚一直到中亚细亚，印度也将要发展成为经济和政治活动的中心……"他还援引了 C·D·梅尔先生的话："印度注定迟早要成为一个巨大独立超民族国家的中心。"尼赫鲁认为这个巨大的超民族国家中心是"具有一个巨大国家的机能，但同时又保持着局部的自治权"。他预见这个巨大的超民族中心"很可能实现，因为小的民族国家是注定要灭亡的，它可能成为一个文化上的自治地区而苟延残喘，但是不可能成为一个独立的政治单位"。③ 他还提出："在过去 23 年中，为了争取印度的独立以及所有我们对英国当局冲突的背后，在我和许多人的心中存有一个复兴印度的愿望。"按照他的解释，这个复兴印度的愿望就是："印度从它现在所处的地位，是不能在世界上扮演二等角色的；要么就做一个有声有色的大国，要么就销声匿迹，中间地位不能引动我。我也不相信中间地位是可能的。"④

印度自独立之日起便全盘继承英国殖民当局在尼泊尔、锡金、不丹和中国西藏的各种特权，通过一系列外交手段控制了尼泊尔、锡金和不丹这三个喜马拉雅山国，把印度的防务北线推进到喜马拉雅山脉，并对这些国家的内政外交施加影响。尼克松就曾评价尼赫鲁说："他虽然是圣雄甘地的信徒，但在政治上比甘地左，也不像甘地那样完全主张非暴力；他鼓吹别人不要使用暴力，但是当使用暴力符合他本人或印度的目标时，他不会弃之不用。"⑤

追求大国地位是尼赫鲁梦寐以求的目标，是尼赫鲁外交思想的核心。印度是一个

---

① （美）托马斯·帕特森等，李庆余译：《美国外交政策》，中国社会科学出版社 1989 年版，第 689 页。
② 林太：《大国通史：印度通史》，上海社会科学院出版社 2007 年版，第 373 ~ 374 页。
③ 尼赫鲁著，齐文译：《印度的发现》，世界知识社 1956 年版，第 712 页。
④ 尼赫鲁著，齐文译：《印度的发现》，世界知识社 1956 年版，第 57 页。
⑤ 尼克松著，尤勰译：《领导者》，世界知识出版社 1997 年版，第 310 页。

人口众多、底子薄弱、经济落后的国家，实现国家工农业现代化，提高综合国力非短时期所能奏效。尼赫鲁政府不可能等印度积聚了强大国力之后再去追求国际角色，而只能是一边在国内发展经济，一边参加国际事务，寻求大国地位。1949 年 3 月，尼赫鲁在印度议会说："印度正成为一个在世界事务中有影响的国家。"① 几年之后，随着第一个五年计划的顺利实施以及印度外交方面的成功，尼赫鲁对印度的未来更加充满信心，他说，"现在环顾世界，除了美、苏、中这三个大国，还有许多先进的、高度文明的国家。展望未来，如果不发生什么差错比如战争，等等，显然世界上第四大国将是印度。"② 尼克松在与尼赫鲁的交往中，也觉察到他追求大国地位的心思，指出，"他自诩为第三世界的代言人，不结盟运动的缔造者，但是他的一举一动表明，他希望世界真正把印度作为大国对待。"③

印度采取不结盟的外交政策，主要不是为了避战，而是要利用不结盟所造成的声势并进而成为众星捧月般的大国。尼赫鲁相信，在此政策下，许多小国就会追随印度，从而形成以印度为核心的集团。他说，"我们在联合国已经孤独地耕耘了很久，我相信采取这一姿态，我们一定可以赢得我们国家在国际上的声望……很快的，绝大部分的小国可能将会追随印度的领导，而不是追随其他强权的领导。"④ 所以，尼赫鲁奉行和平和中立的不结盟政策，领导不结盟运动，在很大程度上是为印度追求大国地位服务的，这是用外交手段弥补军事力量、经济力量不足。事实上，不结盟给尼赫鲁和印度都带来了极大的荣誉。万隆会议以后尼赫鲁成了不结盟运动的领袖，成了世界上的风云人物。印度成了奉行不结盟政策的最大国家，赢得世界的普遍尊敬，它的国家声望空前提高。⑤

虽然尼赫鲁的外交思想和外交政策中有霸权主义因素，但是，其主流仍然是捍卫印度独立与强盛，促进世界和平与合作。尼赫鲁的不结盟外交思想和政策，无论对印度本身的国际地位的提高还是对世界和平与不结盟运动的发展均发挥了积极作用，取得了重大成果。⑥

---

① A. Appadorai (ed), Documents on India's Foreign Policy and Relations (1947 ~ 1972), Vol. 1, New Delhi, 1982, p. 14.

② Jawaharlal Nehru's Speeches, Vol. 3, New Delhi, 1958, p. 264.

③ 尼克松著，尤勰译：《领导者》，世界知识出版社 1997 年版，第 312 页。

④ S. L. Poplai, Select Documents on Asian Affairs, (India 1947 ~ 1950), Vol. 2, London, 1959, pp. 17 ~ 18.

⑤ 张忠祥：《尼赫鲁外交研究》，中国社会科学出版社 2002 年版，第 76 ~ 77 页。

⑥ 尚劝余：《尼赫鲁研究》，四川人民出版社 1999 年版，第 106 页。

第五章 对尼赫鲁建国思想及其实践的评价

第一节 尼赫鲁建国思想对印度发展的影响

一、政治领域

（一）发展道路

早在20世纪30年代初，尼赫鲁从他的费边社会主义和甘地主义立场出发，亲眼目睹苏联社会主义建设成就和资本主义弊端，对社会主义问题进行了认真思考和探索。

独立后，包括尼赫鲁和国大社会党在内的党内的社会主义派都认为，既然政权已回到印度人民手里，现在是应该认真地考虑把实现社会主义确定为国家发展目标的时候了。然而，左翼的设想和积极进取几乎每一步都遇到了党内右翼的强烈抗阻。面对国大党内社会主义派的不满和指责，尼赫鲁认为：处理问题要从团结的大局考虑，过左只能引起反弹和分裂。① 因此，尼赫鲁采取退让策略。

尼赫鲁在政治上崇尚西方资产阶级民主政治，反对马克思主义的阶级斗争学说；在经济上，维护有产阶级利益和资本主义私有制。同时，他也客观地看到资本主义社会，尤其是垄断经济的许多弊端和社会主义国有计划经济的成就，企图寻找一条适合印度国情的，既不同于资本主义，也不同于共产主义的“第三条道路”，把资本主义的议会民主制度与社会主义的计划经济结合起来。他说：“对于我来说，我相信议会民主和个人自由，但我也相信经济迅速发展是至关重要的，我们必须把两者结合起来。”这就是尼赫鲁的社会主义类型社会，即民主社会主义。它是“二战”后，在新独立民族国家中流行的新思潮，是发展中国家社会进步的一般趋势。它们在走资本主义老路行不通的情况下，结合自己的国情和民族特点，走一条资本主义改良的新路，发展民族政治和经济，实现国家现代化。

1955年，国大党阿瓦迪年会在尼赫鲁的推动下通过了“建立社会主义类型社会的决议”。对于尼赫鲁，“社会主义”不仅仅是经济计划的目标，而且是建设的道路，即介于资本主义和共产主义之间的“中间道路”。

按照尼赫鲁对中间道路的解释就是：（1）不用暴力或强制力消灭私有财产和进行阶级斗争，不改变现存的社会制度和所有制结构，给资本主义发展保留地盘，尼赫

---

① Sarvepalli Gopal（ed），Jawaharlal Nehru：An Anthology，Vol. 2，Delhi，1980，p. 67.

鲁接受了甘地的阶级调和学说，赞同社会的变革要在民主的框架下稳步前进。（2）考虑广大中小资产阶级的利益。在印度资本主义发展中，一小部分大资产阶级财团控制了印度民族工业中现代经济部门的大部分，较早地出现了垄断和集中的倾向，这对于印度工业的自由竞争是不利的。印度存在着弱小的工商企业，他们一方面无法抵御来自外部经济危机和激烈国际竞争的冲击 时刻处于破产倒闭的边缘；另一方面又与本国大资产阶级有利益冲突，不愿意他们独占发展的利益。印度经济发展不能不考虑这一广大阶层的经济利益和发展前途。尼赫鲁认为建立国家对经济的控制就能替中小企业奠定发展的基础。他说，社会主义并不一定意味着财产私有制的废除，但却意味着一些基本而主要的工业收为公有，也意味着土地的合作化或集体管理。大企业之外，还必须用合作方式对小型工业和农村工业进行管理。（3）强调社会的公平民主，考虑广大下层人民的生活，尽可能地实现经济平等的目标。为此要提供充分就业的机会，要实行劳工保障、调节分配等社会福利政策，以消除贫困并减少收入和财富的不平等。尼赫鲁说，要使人人都有选择职业的自由，以造成比较公平合理的分配和逐步走向均等化的趋势。这样，存在的那些收入上的巨大差别将消灭，而主要是根据收入差别而来的阶级区别也将消失。这样的变革就意味着改变现在这种主要以追求利润动机为基础的唯利是图的社会，追求利润的动机在某种程度上可能仍然继续着，但将不是主要的推动力了。①

尼赫鲁作为国大党内的主流思想家，主导着对印度未来国家发展目标的设定，以及指导和引领印度将要所走道路。结合印度国情实际和所处时代，选取资本主义和社会主义制度的“长项和优势”，形成一个中间道路的发展模式。尼赫鲁等国大党人对“社会主义类型”社会的设计是，在印度建成一个行政效率和个人自由相结合的政治制度，为实现最大程度生产而又不发生私人垄断和资本、财富集中，并形成城乡经济适当平衡的社会结构。这样一个社会可以替代唯利是图的资本主义私有经济和集权国家严密控制的社会。通过如下三个方面体现出来：政治上，推行议会民主制，实行立法、行政和司法三权分立，保证公民个人的民主、自由权利；经济上，提出工业化、现代化目标，确立私有制（包括有偿废除柴明达尔地主制），实行国有化为重点的混合经济和国家主导的计划经济；社会上，实行非歧视性的宗教政策，保护表列种姓和表列部落的政治参与权以及各项权益，通过立法等举措保障妇女的权益，建立福利社会，保证人人机会均等和享受公平分配原则等。②

（二）民主政治运行

尼赫鲁等人对民主主义的认识和主张，建立议会民主制，实行联邦制和政党制度，贯彻世俗主义的立国原则，意图实现公平、公正的社会发展等，这些内容集中地体现他们主持制定的印度首部宪法中。主要内容包括：实行联邦制；实行议会民主制，立法、司法和行政三权分立；实行司法独立和法治，法院有权审判任何违宪行

① 林承节：《印度现代化的发展道路》，北京大学出版社 2001 年版，第 34～35 页。
② 曹小冰：《印度特色的政党和政党政治》，当代世界出版社 2005 年版，第 175～176 页。

为；实行成人选举，直接选出代表公民行使最高权力的机构；提倡民主、自由、博爱，保障公民的自由、民主与平等权利；公民的私有财产不可侵犯；保护宗教少数民族和弱势群体，包括对表列种姓和表列部落的保留制度等。印度宪法，赋予21岁以上的每个男女公民以选举权。

尼赫鲁认为，“政治民主必将导向经济民主”，“在匮乏、贫困和不平等中，民主不可能长久存在”，“对一个饥饿的或一个贫穷的国家来说，毫无民主可言”，“选票本身对贫困潦倒和饥寒交迫的人并无多大意义，他们对食物比对选票更感兴趣”①。要实现经济民主，就必须消灭各种前资本主义制度，特别是封建土邦王公制和大地主土地所有制。独立后，尼赫鲁力主重新调整行政区划，取消了土邦王公制，进行了土地改革，废除了柴明达尔制，为资本主义经济的发展铺平了道路，为实现经济民主创造了条件。

西方人道主义、议会民主和各种政治学说影响着尼赫鲁，在民族独立运动过程中，他又一直把在印度建立一个自由民主的社会作为自己奋斗的目标。尽管尼赫鲁深受西方民主思想的浸染，但是他并不照抄西方的模式，而是根据印度的国情对民主创造出一套具有印度特色的民主观点。

独立以后，尼赫鲁将民主观念转化成各种法律和政策，贯彻到印度社会的各个领域中。建国初期，印度是一个经济和文化上都十分落后的国家，各种旧有封建观念、社会陋习和偏见严重地阻碍着印度的民主化进程。在这种情况下，尼赫鲁能够克服各种艰难、排除一切责难和阻力，在印度推行和贯彻他的民主思想，并在印度初步建立起民主制度。这种民主制度对以后历届政府的方针政策和印度社会的发展都产生了深远的影响。

尼赫鲁等第一代印度国家领导人精心培育的议会民主机制，如鼓励反对党在邦一级执政，冀图以此转化反对党，把各种力量都纳入议会民主政治轨道，最大程度地发挥他们的建设力量。在议会民主制实施中发生问题时，尼赫鲁等努力化解矛盾。在尼赫鲁执政期间，大多数情况下，尼赫鲁并未利用他在人民中的威信，破坏民主机制运行，恰恰是有意识地营造民主氛围，许多好的惯例因此而形成并逐步确立，从而为议会民主制在印度的巩固打下基础。

尼赫鲁政府时期印度全国举行了1951至1952年、1957年、1962年三次公民普选。尼赫鲁时代印度的民主选举是当时世界上涉及人口最多、规模最大的民主选举活动之一，是人类政治生活中的盛事。将成人普选权引入一个没有任何政治普遍参与经历的国度，并付诸实施，不仅唤起了印度人民的民主参与意识，而且是对民主程序只适用于高度文化的社会的西方传统观念的重新诠释，也是尼赫鲁对印度和世界民主政治的重大贡献。

当然，民主思想要变成民主制度并在印度这样一个人口众多、国情复杂、国土面积较大的国家建立并平稳运行，这仅仅是开始。如何对待教派主义、地方民族主义和

---

① R. K. Gogal, Thoughts of Gandhi, Nehru and Tagore, New Delhi, 1984, p. 81.

反对党等，尼赫鲁在这些问题上处理欠佳，并且开启了以后一些破坏民主制度的先例，显著的如1957年印度共产党在喀拉拉邦执政，尼赫鲁就没有处理妥当。后来一旦有反对党在地方执政，继任者掌控的中央政府就采取诸如行政干预、财政抑制等，千方百计地将反对党轰下台，错误一直延续到拉吉夫·甘地执政时才得到纠正。

（三）中央与地方关系

印度宪法中关于中央、地方之间的权力分配安排，体现了尼赫鲁等人主持制定宪法的指导思想。印度宪法第七附表的三个职权表划分了联邦和各邦权力的分配范围。从独立后印度中央与地方关系发展的历史进程来看，尼赫鲁时期在处理中央与地方权力分配上基本是成功的。中央与地方之间无论是在政治关系、经济关系还是立法关系方面的运行基本上都保持了稳定发展。

印度刚刚独立，由于分治等原因，当时面临的主要问题是维护国家的统一，这在一定程度上抑制了其他方面的政治取向。在中央与地方关系上，由于地方实力相对较为弱小，所以并未在全国形成稳固的、完善的两级政权体制。这就决定了协调战略的可行性，导致印度的土邦问题、语言邦问题以及官方语言问题最终都以协调的方式加以解决。除此之外，还有如下的原因：第一，国大党在中央与地方都占统治地位。两级议会政府都为国大党所控制，这样即使双方意见分歧，也可以在国大党内部协调解决。第二，印度的政治、经济正处于恢复初建阶段，各种矛盾的积累还不是很深。而且，地方反对势力社会基础还不牢，处于无组织状态，无法形成与中央的有力对抗。第三，独立后，民族主义潮流的目标由推翻外国殖民统治转向对民族国家的忠诚与期待上，从而在一定程度上加强了中央的力量，营造了中央与地方协调的氛围。第四，尼赫鲁的个人威望和民主作风，也是协调战略得以实施的重要保障。

在尼赫鲁执政时期，中央与地方权力分配上出现的问题，有些曾经一度发展到很严重的地步。应该指出，在中央与地方关系的调整中，中央是占主导性方面，因为联邦制国家的全国协调功能主要是委托给中央政府的，而中央政府的角色在联邦制的运行中至关重要。印度独立后，中央—地方权力关系运行得好坏与中央政府的政策密切相关的，这也是与印度联邦强中央的具有单一制特征的规定有关。

二、经济领域

（一）经济体制

尼赫鲁建国前就设计印度发展的社会经济制度，认为它应该是一种既有私营经济，也有公营经济的混合经济制度，就是既要允许私营经济的存在和发展，又要大力发展公营经济，从而形成公私并存、相互依赖、相互促进、相互补充的经济体制。

1948年，尼赫鲁政府通过了《工业政策决议》，决议声明印度政府将奉行混合经济政策，公营部门和私营部门同时并存，政府将帮助两种成分的发展。1956年，印度政府通过了新的《工业政策决议》，将工业划分为三类，规定第一类中的17个重要工业由国家经营，第二类中的12个工业逐渐由国家经营，其余的第三类工业全部由私人资本经营。明确规定重工业和基础工业主要由国家经营，同时为私营工业留下广大领域，规定私营企业要在国家计划目标下发展，这就确立了公、私营经济并存，以公营为主导，对私营经济实行控制下的发展的混合经济体制。政府垄断或控制重工业和基础工业，主要是基于如下几方面的考虑：国家安全的需要；重工业、基础工业是国家工业发展的核心，不能由少数人垄断；重工业和基础工业投资大，收效慢，私人投资有困难，通常也不愿积极投资。将公私营范围如此划分，也就把尼赫鲁和国大党主张的关键工业国有的具体化。混合经济模式促进了印度经济发展，为建立公营经济主导的重工业和基础工业提供了资金和环境，私营经济也同样得到了发展。

当然，也存在对私营经济管得过死的现象。首先是经营领域，其次是生产本身从选址、经营规模、产品种类到销售等各方面都受限制。由于公营企业所占领域广泛，只是少数企业效益高，而多数经营不善，产品成本过高，产出率低，以致常年亏损，靠政府拨款维持，成了国家财政的沉重包袱。即便赢利企业，其利润率比私营企业也低得多。公营企业都是技术密集型企业，提供的就业岗位和机会少，在实现社会公平目标方面起不到应有的作用。

当然，设计的经济发展体制和机制在执行过程中产生了某些偏差，具体表现为政府对经济生活控制过严，对公营以及实行公平等方面强调过于片面，致使公营部分缺乏活力，私营部分虽能释放相当的有益的功用（包括解决就业），却受到压制，束缚了生产潜力的充分发挥。有学者把印度这种经济体制叫做“半管制体制”，这种体制致使印度后来的经济发展多年保持在3.5%，被广泛地称谓“印度教徒增长率”。

（二）工业化和计划经济

1. 工业化

早在1938年，尼赫鲁领导的国大党全国计划委员会确定：国家应该拥有或控制所有的关键工业和社会服务设施及其他具有垄断性的大型工业，国家要重点发展重工业以实现快速工业化。

独立后的印度在尼赫鲁执政时期，通过三个五年计划的实施，工业生产有了较大的增长，建立了一些重工业部门，公营部门已经涵盖了包括铁路、航空运输、机器制造、化学工业、电讯工业、综合水利工程等必要的核心的经济部门，公营部门的投资额的增长绝对数和幅度均比私营部分要快得多。由于公营企业主要集中于重工业和基础工业的大、中型企业，因此，促进了印度独立初期的殖民经济结构的改变，扭转了轻工业片面发展、重工业十分落后的工业格局，为国民经济的现代化后续发展奠定了物质基础。

在战后新独立的亚洲国家中，印度成为一个工业化比较发达的国家，个别轻工业部门甚至还赶上和超过了某些较小的资本主义国家。印度已具有自我装备、自我发展的相当能力，印度在60年代成了新独立国家中工业发展走在最前列的国家之一。

2. 计划经济

尼赫鲁虽然不反对利用价格等市场机制调节经济，但是却极力主张应用国民经济计划管理经济，甚至把经济计划当作社会主义类型社会的一面旗帜。

在青年时代留学英国期间，尼赫鲁亲眼目睹了西方国家资本主义经济危机给经济发展和人民生活造成的严重灾难，并且逐渐接受了费边的社会主义思想。后来，他也曾经访问过实行社会主义制度的苏联，亲眼看到了高速增长的苏联社会主义经济，“解决了当今世界面临的许多问题”。印度独立后，尼赫鲁为了发展生产和提高人民生活水平，在经济和社会改革方面实行了许多类似社会主义的方针和政策。1955 年，他郑重地提出了在印度建设“社会主义类型社会”的理论。这个理论是尼赫鲁社会主义思想最集中的体现。所谓“社会主义类型社会”，不同于一般的社会主义，是一种颇具印度特色的理论。实际上，这种理论是尼赫鲁将他理解的社会主义与西方资本主义的某些东西以及甘地的非暴力主义相结合的产物。

在尼赫鲁看来，实行计划经济是实现经济发展总目标不可缺少的手段。要实现经济发展的多元目标，必须统一筹划，全面安排，逐步实行，这就要有长远的和分阶段实行的计划。混合经济体制的实现也要求这样做。既要发展公营经济，特别是要使公营成分起主导作用，就要有宏观考虑，统一部署，合理地分配与利用资源，使之达到最佳配置。对私人资本的鼓励和控制也需要有全面安排。

在制定第二个五年计划时，尼赫鲁的发展战略已有了清晰的理念，那就是要实现政治上民主自由，经济上合理公平。为了贯彻新的发展战略，尼赫鲁需要制定能够体现这一思想的经济计划。他委托首席顾问、经济学家 P. C. 马哈拉诺比斯教授拟定具体的战略模式。这就是通过优先发展重工业和实行进口替代方针，迅速将以生产消费资料为主的印度工业结构改变为具有门类齐全的重工业、轻工业均衡的工业结构，建立完整的工业体系，保证工业的高速增长；大力发展国营工业，使之尽快占据国民经济制高点，在比重上逐渐超过私营资本，成为社会主义类型社会的坚强的物质基础。就印度式的社会主义的内容而言，它不是甘地倡导的非工业的农村民主模式，而是尼赫鲁一再强调的“工业化是唯一道路”。通过尼赫鲁时期的三个五年计划，印度基本上摆脱了作为殖民经济附庸的地位，走上了发展民族经济、独立自主的道路。

当然，印度在尼赫鲁时期快速地发展重工业和基础工业是以农业发展滞后为代价的，甚至直到英·甘地政府实行“绿色革命”取得成效之前，印度不得不每年进口大量粮食，以应付国内粮食短缺问题。事实上，印度农业生产已经拖累了印度工业化、现代化前进的步伐。

（三）土地改革与农业生产及小型工业

1. 土地改革与农业生产

独立后，印度在尼赫鲁建国思想的指导下，经历了以土改为主的制度变革和三个五年计划（尼赫鲁去世时“三五”尚未完成）。尼赫鲁的农业发展战略，包括土改、合作化和乡村建设，就是以制度改革来打破封建生产关系对生产力的束缚，提高农民的生产积极性，并通过合作化和乡村建设，克服小农个体经营的缺陷，发挥集体的力量和创造力。尼赫鲁政府的土地改革，虽然没有根本改善广大贫苦农民的处境，但改革多少削弱了封建势力，有利于印度经济的发展。由于实行合作化运动，将分散交错的土地联合了起来，有利于使用农业机械和改良土壤，有利于农业生产的发展。从某种意义上讲，从 1947 年独立到 20 世纪 60 年代中期这段期间，印度农业生产的发展主要靠耕地面积的扩大。当然，在此期间土地改革和乡村发展计划等农业生产制度的变化也对印度农业发展起了一定作用。

农业在尼赫鲁时期（1947～1964）得到较大发展，在诸多指标上成绩显著，如在1950～1965年全部作物耕种面积增长1.6%，其中粮食作物面积增长1.4%，经济作物增长2.5%；同期水稻的农业生产率（单产）增长较明显，达到2.1%；而同期粮食总产量年增长率达到3.2%，水稻和小麦这两种主要粮食作物则分别达到3.4%、4%；非粮食作物则是达到3.5%较显著的年增长率。①

特别值得一提的是"一五"计划期间对农业的重视，农业发展形势很好。但不容忽视的是，恰值在尼赫鲁时期印度农业发展经历了大起大落的发展历程。由于印度"二五"、"三五"计划过分强调重工业和基础工业的核心地位，导致农业发展滞后，造成农业发展不能跟上工业的步伐，造成物价上涨，粮食连年短缺，且愈来愈严重。政府不得不进口大量粮食以应付国内的粮荒，天灾严重时则更加依赖于国际市场。

农业之所以发展迟缓，其原因：一是政府期望土改和合作化会大大激活农业潜力，从而使农业产量有较大的提高。但土改的不彻底，合作化的受阻，使可能发挥的潜力在很大程度上发挥不出来。二是政府资金有限，既然把经济发展重点放在工业，特别是基础工业和重工业上，对发展农业的拨款就不会有"一五"时期那样高的比例，农业投资削减过多，大大影响了农业基础设施的建设和支持农业的信贷投入。

尼赫鲁时期印度农业（粮食）发展的滞后，对政治、经济发展均产生了相当大的负面影响。农业方面始终困扰着印度政府的粮食问题，迫使尼赫鲁的女儿——政治继承者英迪拉·甘地下大力气对经济和农业政策进行调整，着力推行"绿色革命"，终于在尼赫鲁去世14年后（即1978年）解决了印度的粮食问题。

2. 小型工业

在印度民族独立运动中，甘地积极主张发展吸收劳动力较多的小型工业、手工业和手工技艺，通过生产土布和发展乡村工业，认为它不仅会实现印度人的团结，提高印度人的自信心，而且还可以实现经济独立和经济平等。尼赫鲁则认为印度的出路在于发展大型工业，实现工业化，而绝不是恢复小生产。但同时，对甘地发展乡村工业和小型工业主张中的合理因素又是充分肯定的。

由于独立前对小型工业问题已经有原则上一致的认识，所以独立后国大党制定的工业发展战略一开始就明确地规定了小型工业的地位：小型工业作为大型工业的有益补充对国民经济发展有重要作用。1948年、1956年两个工业政策决议都规定要采取积极措施促进小型工业和乡村工业的发展，尼赫鲁—马哈拉诺比斯模式也非常强调小型工业的突出地位和作用。在印度政府的高度关注下，小型工业增长速度很快，1950年有注册小企业16，000家，到1961年增加到36，000家，尚有很多没有注册的。

然而，过分的保护使小型企业感受不到市场的压力，这不利于它本身改进技术、提高效益，也不利于扩大再生产。当一个小企业超过了政府规定的小工业资产界限，

① （印度）鲁达尔·达特，K. P. M. 桑达拉姆著，雷启淮等译：《印度经济》（下），成都，四川大学出版社1994年版，第6页，第8页，第11～12页。

就会丧失所享受的全部优待，所以即便有扩大再生产的可能，也会弃而不用。这实际上是保护落后生产力、抑制进取和技术革新。

（四）效益与公正

尼赫鲁一直强调实现社会的公平公正，这也是他的社会主义所追求的目标。经济活动的发展则是追求利润为宗旨。因此，尼赫鲁就冀图通过计划经济实现快速的工业化，使得工业和各行业的协调发展，实现充分就业，从而达到经济发展、公平公正兼顾的目的。作为实现经济最佳效益，应该是公营、私营各得其所。实际上，尼赫鲁及其他的政府是侧重于发展公营事业，控制、监督私营，结果是公营部门效益普遍表现不佳，私营部门因为投资等各方条件的限制，不能充分地发挥在经济生活中的积极作用。原先尼赫鲁预想通过发展公营部门实现工业化，为实现经济平等提供支撑。可是，他没有充分估计到效益和公正在经济发展的初级阶段，往往很难兼顾，导致两者之间不能相互协调。事实上，对于这个问题的解决，直到后来拉奥政府进行经济改革才破解了这对难题。

三、社会领域

（一）缩小印度社会的等级差别，打破不同集团间的封闭状态

印度拥有多种宗教信仰，宗教影响根深蒂固，并且印度教徒占人口80%以上，全部宗教人口占全国人口99%以上，在这样的国家确立世俗政体，是尼赫鲁对印度民主政治的突出贡献，也是其世俗主义思想的成功实践的表现。

尼赫鲁在印度新宪法起草前制订了《目标决议》案提出：宗教平等、信仰自由，对“少数教派提供充分保护”。《印度宪法》宣称：“不分宗教、种族、阶级、性别与出生地，在法律面前一律平等”，公民有“信教、传教和参加宗教活动的自由”。之后，尼赫鲁重申：“政府保护所有的宗教和文化，并向它们提供平等的机会，创造宽容与合作的氛围。”

由于种姓制度在印度根深蒂固，当时尼赫鲁政府若简单地以一法除之，必会引起社会的不安定，因此政府在立法和制定政策中，对贱民制度坚决予以取缔，对种姓制度则不作公开取消的表态，而是大力弘扬民主和平等的思想。政府通过立法，利用舆论、媒体等宣传工具，为提高落后阶级的社会地位大声呐喊。此外，政府还通过社会福利改革，为低级种姓和表列种姓获得平等地位，做了一些实事。

为切实保障废除贱民制的落实，1955年，政府颁布了《不可接触制（犯罪）法》，明确规定对原贱民的任何歧视行为都是犯罪行为，要受到法律制裁。然而，虽有此法的公布，歧视压迫原贱民的现象并未能完全制止。政府一面继续大力开展宣传教育，一面把工作重点逐步转移到帮助表列种姓积极改善经济地位和提高文化水平上来，并鼓励原贱民要有自信，要勇于应对各种困难，用自己坚持不懈的努力改变自己的地位。

表列部落在全国分布很广，最集中的地区是东北边境、比哈尔、奥里萨和中央邦，部落民经济文化一般都很落后。尼赫鲁政府对部落民的政策是通过在政治、社会福利以及文化教育等方面的帮助、扶植，逐渐跟上印度主流社会，同时又能保留自己

的文化特色。经过努力，部落民的状况有了一些变化。

印度第一次大选实现了为表列种姓和表列部落保留人民院和邦立法院席位的规定。此外，大选后建立的尼赫鲁政府为表列种姓和表列部落在政府机关保留一定比例的公职。这种种保留使表列种姓和表列部落这两个最突出的社会弱势群体第一次享受到担任公职、参与国家管理的政治权利，一大批有能力的人走上各种公共岗位，改变了社会对这两个群体的看法，也大大提高了他们的自尊心和自信心。

尼赫鲁政府在 1954 至 1956 年间制定了一系列的法律提交议会通过，分别有：1954 年，特别婚姻法；1955 年，印度教徒婚姻法，1956 年，印度教未成年人监护法；1956 年，印度教徒收养法；1956 年，印度教徒继承法等。这些法令合在一起构成了印度教个人法法典，较彻底地革除了印度教内压迫妇女的陋规。在以后的年代里，政府又在人民院制定新的法令做了补充和修正。尽管上述法令的出台和真正执行还有很大距离，但至少在法律上确认了妇女的合法地位，对印度教徒来说这也是历史上从未有过的事。这也是尼赫鲁及其政府意图彻底改变妇女地位的努力的一部分。

为了向穆斯林昭示印度政府保护少数派的诚意，尼赫鲁决定等待时机再制定伊斯兰教徒个人法，然后再制定适用于全印度的统一的个人法。但这一决定使得穆斯林妇女地位的改善一再拖延，也增加了印度教个人法在贯彻执行上的困难，增加了深入推行世俗化的难度。

尼赫鲁还及时看到了教派主义的危险，他反复指出，听任教派主义泛滥而不加制止，就会毁灭印度。

（二）语言邦和全国官方语言部分地解决了民族问题

印度民族问题则是以要求重划语言邦的形式出现的。关于建立语言邦的争论和斗争，在印度独立初期，成为与政治局势安定、政权基础巩固密切相关的重要问题。依照印度官方的观点认为：在长期历史发展和反殖民主义斗争中，印度全体居民已经融合成为一个统一的民族，他们之间只有种族、宗教信仰和语言的差异，没有明显的民族界限和区别。

因为民族众多、部族分散等因素，印度没有一种为大多数居民所使用的语言。在独立斗争中，甘地、提拉克等民族主义领导人就主张：以语言为基础，重新划分印度行政区域，按语言的区别建邦，可使同一语言的群体聚合在一起，获得更好的发展机会，也使行政管理更为方便。1937 年和 1945 年，国大党在选举宣言中，把建立语言行省列为未来施政纲领的一项内容。尼赫鲁在 1947 年印度独立前多次重申，甚至独立后几个月依然坚持这一立场。

印巴分治的创痛使尼赫鲁等国大党领导人担心，实行语言邦调整会导致地区间的领土争夺，诱导地区分裂主义因素的增长，最终会不利于维护全印的团结和统一。但迫于群众运动的压力，尼赫鲁及其政府研究了以语言为基础建邦的问题。1956 年 8 月，人民院在邦改组委员会建议的基础上，通过了邦改组法。根据该法，印度全国按主要语言分布重新调整和划分了各邦，基本解决了语言邦的问题。

然而，1956 年邦改组法并没有解决孟买邦的古吉拉特人和马拉特人的建邦要求，同样，锡克人单独建邦的愿望也没有实现。同样，也没有涉及印度东北部的部族的单独建邦要求。

尽管上述问题有些在20世纪50年代中后期还未能解决，但这次邦改组在全国大部分地区把按语言设立邦的原则变成了现实。语言邦的建立有利于促进地区经济、文化的发展，发挥地方的积极性，贯彻统一中的多元或多元统一的国家整合原则，也有利于国家的行政管理。

全国官方语言问题是另一个突出的有争议的问题。按照印度宪法设定的时间要求，1955年建立了官方语言委员会，就官方语言问题听取各方面的意见，并提出解决办法。1956年报告书公布后，南印泰米尔语系各邦谴责中央强行推广印地语。这个严峻的问题迫使尼赫鲁不得不重新进行考虑。为此建立的专门委员会提议，1965年后印地语应成为主要官方语言，英语作为辅助官方语言继续使用。议会接受和通过了这项建议。《官方语言法》的通过暂时平息了南方各邦的不满声浪。

综上所述，以语言为基础建立行政单位，是印度民族民主政治的一个内容，也是实行民主政治的一个条件。尼赫鲁及其政府坚持“一个民族的民族主义”和“一个民族的国家完整”的理论，对民族自治权利和特殊利益持否定态度，但语言邦的建立是印度解决民族纠纷的一个独创，它在某种程度上缓和了民族与民族之间、邦与邦之间、地方与中央之间的紧张关系，虽然还有些遗留问题尚待解决。不能不认识到的事实是，以语言为基础划分行政区域对共同的民族利益、地理环境、自然条件、资源的开发利用等现实问题，确实又是很少加以考虑。随着地方民族势力的增长，一些涉及各邦利害关系的问题又演变为新的民族矛盾和纠纷的来源。

（二）社会稳定与和谐

在尼赫鲁执政时期，大力推行世俗主义，在政治上对表列种姓和落后部落进行保护，在经济上大力扶持，反对种姓歧视，通过立法打击种姓歧视和摧残妇女的行为，确保低种姓和妇女地位的政治权力，抑制教派主义，从而要实现不同宗教、不同社会集团之间、男女两性之间的社会和谐发展，盼着真正做到公正公平、人人平等，实现印度宪法所宣称的自由、民主、平等、博爱。通过努力，极大地改善了宗教间矛盾尖锐、冲突不断、社会动荡的局面。事实上，在尼赫鲁时代印穆冲突以及与其他宗教的冲突相对平缓，教派主义的激进活动相对平缓，宗教内部的不同集团地位和权力也得到了不同程度的改善，尤其是妇女地位通过一系列的立法，尼赫鲁及其政府维护妇女权利的决心得到表明。

当然，宗教之间的矛盾、宗教内部各集团的不平等，表列种姓和落后部落社会地位的改善，不同民族间的和睦共处，都非一纸法令所能够改变，也不是一朝一夕就可以做到的。事实上，尼赫鲁时期在解决了相当大的矛盾的同时，也积累了一些问题，比如说，锡克人单独建邦问题的拖延，最终使他的唯一女儿英迪拉·甘地为此付出了生命的代价等。

四、军事、科技和教育领域

（一）超然于党派之争、服务于国家的军队整合

印巴分治时，根据协议，印度由原英印军队分得大部分的陆海空军，组建印度自己的军队。着力实行三军分立、文官治军，设立军事院校培养各级军官，整合土邦军队。到 1958 年，完成了军队的“印度化”的任务。

尼赫鲁和印度的精英们沿用原英印时的传统，即坚持军不问政，要求军队不参与国内的政治斗争。所以，与大多数的亚非拉的独立国家不同，那就是印度军队从来没有发动过军事政变。印度军队服从政府的绝对领导，不论它是由哪一个政党组成的。上述机制也因此带来了印度军队决策机制反应慢，不能根据实际情况进行指挥以及在战争中指挥不协调（未能解决军队三军之间的协调，以及军事决策的时效性）的问题。

（二）重视科技，产生了一批先进科技

在领导印度人民争取自由的民族独立运动中，尼赫鲁深刻认识到，印度之所以受奴役，西方殖民者之所以能建立并维持对印度的统治，基本原因就在于印度科技发展的落后。

尼赫鲁一贯重视和热心科技事业。在其执政期间，采取了一系列行之有效的政策和措施，亲自倡导、鼓励和推动科学技术的应用与发展，为印度科技事业的腾飞奠定了基础，开拓了道路。

在三个五年计划中，科技投资不断增长。其中，技术教育占教育投资的比例从一五计划的 13% 增加到二五计划的 18% 和三五计划的 21%。1947 年政府用于科研的费用为 0. 24 亿卢比，到 1964 年增加为 5. 5 亿卢比，18 年中增长了 20 多倍，保证了政府科研计划的资金来源。

尼赫鲁时期，在印度各地建立 30 多个研究实验室和 5 个技术研究所，形成了在物理、化学、燃料、冶金、粮食、医药和机械等重要的科学技术领域完整的科学实验网络。通过增设大学和建立美国麻省理工学院式的高级理工学院，培养了大批科技人员。全印科技人员从 1950 年的 18. 8 万名增加到 1965 年的 73. 15 万名，15 年中增长了近 4 倍。印度的科技力量被西方国家认为在世界上名列第三，仅次于苏联和美国。在原子能委员会、原子能局和巴巴原子研究中心的带动下，印度的原子科技研究与开发，特别是核能发电取得了巨大成就。1956 年印度科学家设计和建成第一座原子反应堆，从而使印度成为世界上能独立从事原子能发电的少数几个国家之一。因此，长期以来，印度被国际原子能机构作为培训各国特别是发展中国家原子技术人才的基地。印度 1962 年成立国家宇航研究委员会，1963 年建立顿巴赤道发射站和综合开发中心，成为世界上第 7 个能自己制造运载火箭的国家。

尼赫鲁对科技的重视，保证了后来印度科技不断取得新成就，同时，还在印度形成了一个重视科技的大环境，也形成了印度社会重视科技的优良传统，为印度 IT 技术和产业在今日世界领先打下了坚实的基础。

（三）重视教育，却未改变整体落后的格局

尼赫鲁政府成立后，在发展资金十分缺乏的情况下，政府还是拨出大笔经费来发展教育。1951—1952 年度国家财政预算中的教育支出为 1.98 亿卢比，到 1964—1965 年增加到 14.627 亿卢比，增幅达 7 倍之多。教育经费占国民生产总值的比重 1950—1951 年度为 1.2%，1960—1961 年度增加到 2.5%。印度教育经费绝大部分来自政府拨款，少部分来自地方机构资助、接受馈赠和学费收入。从 1951 年一五计划以后，每个五年计划中都有发展教育的内容。各邦也分别制定出本邦的发展计划。

1955 年，尼赫鲁在国大党阿瓦迪年会上指出，基础教育是一件极为重要的事情。基础教育就是在 7 年时间中，印度每一个年龄在 7—14 岁之间的儿童，都必须接受基础训练，学习专业和商业方面的基础知识。年龄大的孩子可以进行较高阶段的学习。较高阶段学习并不仅仅指学士、硕士阶段，而且包括在一些科学或技术学校学习专门技艺。尼赫鲁指出，这种基础培训应当适用于今后所要从事的专业和职业。经过基础阶段之后，许多人经过进一步的培训便可成为优秀的售货员或工匠，而不必进大学。但那些有能力的人则应当进一步接受技术培训，如科学性的、工程学的或医学的培训。

尼赫鲁执政期间，在教育体制上还没有进行根本性的改革，但在量的方面增长成效显著。初等教育方面，一至五年级入学学生数 1950—1951 年度为男生 1，377 万人，女生 538 万人，到 1965—1966 年度增加到男生 3，218 万人，女生 1，829 万人。中等教育方面，入学学生数 1950—1951 年度男生为 102 万人，女生 19 万人，到 1965—1966 年度增加到男生 408 万人，女生 120 万人。同期中等学校的数量由 7，288 所增加到 24，477 所。高等教育方面，独立时，大学有 18 所，学生近 30 万人，到 1964 年，大学增加到 54 所，学院增加到 2，500 所，大学生和研究生增加到 613，000 人，其中女生占学生总数的 22%。

尼赫鲁时的印度教育仍是大学和中学的发展速度快于小学，独立前那种重高等教育轻初等和中等教育的畸形发展没有改变。考虑到人口增长的因素，那么，初等和中等教育的发展是远远落后的。宪法规定 1961 年完成 14 岁以内学龄儿童义务教育，但这个指标未能完成，不得不把期限延长到 1966 年。到 1965—1966 年，6—14 岁的学龄男童只有 61% 在校，女童只有 43% 在校，而且中途辍学还有相当高的比例，女童辍学率则更高。到 1965 年，全国农村人口 5% 的地区连小学都没有。至于大部分农村小学，缺教师、缺资金、设备落后的情况，在 10 多年内几乎没有变化。①

五、外交领域

（一）国际影响力的扩大

独立之初的印度奉行不结盟政策，不参加两大军事集团，它曾调停朝鲜战争、呼吁印度支那停火，在联合国提出裁军建议，与中华人民共和国共同倡导和平共处五项原则。这些行动提高了印度的国际地位，印度的不结盟政策日益为国际社会所认可。

---

① 林承节：《印度独立后的政治经济社会发展史》，昆仑出版社 2003 年版，第 121～122 页。

1954年，中印共同倡导和平共处五项原则，对确立平等的新的国际关系准则作出重大贡献，是对帝国主义一直强制推行的少数发达国家欺压广大弱小国家的国际秩序的根本否定，不仅得到中印两国人民的热烈拥护，也得到国际上一切进步势力的赞扬。

1955年4月，在印度尼西亚万隆召开的第一次亚非会议，应是当时全世界最有影响的事件之一。会议通过了《亚非会议最后公报》，在和平共处五项原则的基础上，制订了“国际关系十大准则”，确立了体现独立、和平、友好与合作的“万隆精神”。不结盟最初是尼赫鲁倡导的印度外交政策，当这一政策被一批刚刚摆脱殖民统治而赢得独立的国家竞相效仿时，就演化成不结盟运动。1961年，在前南斯拉夫贝尔格莱德召开不结盟会议，共有25个国家参加，随着不结盟运动的扩大，尼赫鲁实际上居于不结盟国家领袖的地位。

尼赫鲁在印度民族争取独立的运动中做出了不懈努力，得到其人民的拥护，成为独立后的印度的首任总理。不结盟外交为他赢得了国际声誉，使他跻身于世界名人行列。20世纪50年代末，尼赫鲁被认为是当时世界上最有影响的人物之一。1956年出生的埃及儿童大多以尼赫鲁起名，可见他在埃及影响之大。他为世界和平事业所付出的巨大努力，使他作为世界政治家的声誉达到了顶峰，他受到了东方和西方的尊敬，美国报刊将他比作罗斯福。①

（二）印度不结盟外交的积极意义与局限

1. 印度不结盟外交的积极意义

印度的不结盟政策是尼赫鲁倡导的独立自主的外交思想付诸于外交实践的表现。印度独立时，世界处于两极格局的形成之中，当时的情况是，美国处于主导的优势地位，尼赫鲁倡导不结盟外交，执行反帝反殖的和平外交政策，事实上就是对当时的美国为争霸而拼凑各种条约组织的行为表明了自己的立场，即和平、中立、不结盟，坚决的反侵略、反殖民。1954年，印度与不同的社会制度国家——中国，一起共同倡导了和平共处五项原则，为世界不同制度的相互之间和平共处提供了一个例证。1955年万隆会议，和平共处五项原则为基础，进一步倡发为十项原则，将不结盟推向亚非新独立国家。之后，掀起的不结盟浪潮为尼赫鲁和印度赢得了很高的声望，得到了世界上很多国家的附和，形成了不结盟运动，尼赫鲁作为实际上的不结盟运动的领袖地位，得到了东西方阵营的认可。诸如朝鲜停战协定、印度支那停火协定等，尼赫鲁及印度政府在其中扮演了重要的角色，为协议的最终签订做了相当多的工作，为维护世界和平作了贡献，得到了世界上进步力量的赞誉。

同时，中立和平和不结盟使印度不偏向美苏任何一方，并与两者都保持良好关系，却又获得了对立双方的各种援助。从1954年到1965年，印度从苏联得到10亿多美元的经济援助，除了社会主义阵营的国家外，印度的受援额也是最多的。二战后到1962年7月，美国向印度提供经援39.52亿美元，这一数字比台湾同期所获美援

---

① 尚劝余：《尼赫鲁研究》，四川人民出版社1999年版，第103页。

多一倍，比参加军事集团的泰国、菲律宾和巴基斯坦同期所获美援的总和多11%，比整个非洲国家同期所获美援多71%。① 从而为实现他的计划经济注入了宝贵的外部资金，为克服经济困难，争取援助，尤其是印度农业不能提供足够量的粮食，粮食援助对于解决印度饥荒发挥了很大的作用。不结盟政策的成功执行，促进了印度国内的社会经济建设和政治局势的稳定，巩固了民族独立。总之，不结盟的思想指导下的外交政策，为印度赢得了一个宽松的适合于国内建设的友好的国际环境。

2. 不结盟外交的局限

哈里斯·卡普尔曾评价说："如果说尼赫鲁外交在全球战略上是成功的话，那么在地区战略上就不是这样。如果说印度是一个国际上成功的行为者，那么它在地区上就不是这样。"

如果说尼赫鲁的不结盟思想成功地解决了印度的发展外部环境，那也只是剔除了印度周边国家来考虑的。事实上，尼赫鲁在捍卫其南亚地区的大国地位，意图成为霸主的努力一直没有停止，诸如，在处理与尼泊尔、不丹等国关系时的颐指气使，将锡金牢牢的控制在自己手中，与巴基斯坦的常年争斗，无不体现出其远交近攻的战略思想，这时，不结盟思想就成为与之不相干的指导思想。

事实上，在狭隘的民族利益的面前，尼赫鲁可以用暴力和战争取代和平共处。虽然尼赫鲁懂得不干涉是五项原则中最关键的一条，可他又在中国的西藏问题上横加干涉；尼赫鲁强调和平解决争端，可是克什米尔问题一直不能和平解决；尼赫鲁强调和平共处，中印边界战争偏偏就是在他任期内挑起的。

狭隘的民族利益干扰了尼赫鲁，蒙蔽了他的眼睛。尼赫鲁本可以凭借他的威望，适时解决好与周边国家的关系，打破克什米尔难题的僵局，放弃其所谓的缓冲国计划，与中国实现边境问题谈判，缔结有利于两国长远发展的和平条约。可惜，尼赫鲁没有抓住这样的历史机遇，却为他的后人遗留下争当大国的梦想，致使与周边国家争议边界问题迟迟不能解决，陷入实现地区长治久安、和平发展始终难以如愿的困局之中。

可以说，尼赫鲁的不结盟的设定是针对美苏两个世界大国主导的国际政治格局的，当他的国家作为大国时却是可以例外了，当时的南亚政治格局就是明证。现如今，随着印度的发展，要争做联合国常任理事国，不结盟去向如何，还须拭目以待。

第二节　尼赫鲁建国思想的影响

一、尼赫鲁家族和印度政坛

独立后，尼赫鲁掌握着印度国家民族命运，并为之努力工作，直至生命最后一刻。尼赫鲁为印度和印度民众所做的一切，自然使得他在印度享有崇高的威望。在尼

① 胡少华：《试论尼赫鲁的不结盟政策》，《世界历史》1988年第4期，第66~67页。

赫鲁辞世2年后，他的女儿、政治继承人英迪拉·甘地（也是他唯一的孩子），执掌印度最高权力，前后有十四年；1984年底，尼赫鲁的外孙、英迪拉·甘地的儿子拉吉夫·甘地执政；英·甘地和拉·甘地又因为宗教和民族问题，先后遇害。虽然，随着时代的推移，尼赫鲁和其家人所在的国大党势力日渐衰落并数度在野，但在印度政局中依旧是实力强大的政党。现今尼赫鲁家族在印度政坛仍然有着举足轻重的政治影响，尼赫鲁的外孙拉·甘地的遗孀索尼娅·甘地担任国大党主席，在她的支持下，曼莫汉·辛格出任总理，尼赫鲁家族依然左右着当下印度政局和大政方针。

尼赫鲁一家几十年来对印度政府和政局的影响，虽非家族政治可言，但也与人们所说的“强人政治”相距不远了。这种政治现象与西方的民主制相比，还是有它的特殊之处的。

二、后继执政者对尼赫鲁建国思想的继承和修正

作为后继执政者，针对变化的局势，有必要改变尼赫鲁建国思想指导下确立的方针、政策，以更好地适应印度国情和世界形势的发展、需要。如夏斯特里对粮食价格确立机制的局部变革，英·甘地实行农业的绿色革命，拉吉夫·甘地在国有化方面顺应时代的变革给予市场以更多活力，1991年拉奥政府实现的经济改革则使印度经济出现了革命性的变化，自此焕发出前所未有的活力，综合国力连年攀升。还有实现中产阶级队伍较大增长，政绩较显著的瓦杰帕伊领导的印度人民党联合政府等，如今印度政坛上为曼莫汉·辛格领导国大党联合政府执政。尽管印度政坛变幻频繁，但尼赫鲁确立的立国准则并未动摇。尼赫鲁促使社会主义成为了印度国大党的奋斗目标，又有国大党促使人民院通过决议而变成了国家的目标，但将之写入宪法的则是英·甘地时期，1976年议会通过的宪法第42次修正案把“社会主义的”规定为印度国家的属性之一。现在印度宪法宣布的印度属性是一个“主权的、世俗的、社会主义的、民主的共和国”。

新时期，尼赫鲁建国思想关于指导印度内政外交的四方面：民主主义、社会主义、世俗主义和不结盟，可以说拥有新面貌、新形式，但根本精神是一贯的：民主主义随着政党轮替执政而得以巩固，社会主义不因国有化方针的变化而改变对社会公正公平的追求，世俗主义没有因为有教派主义背景的政党执政而减弱。唯一发生巨大变化的是不结盟及其政策，因为它建立的基础是两极格局的世界，而20世纪90年代初，世界政治格局已经发生改变，随着苏联的解体，美国作为唯一的超级大国继续对世界施加巨大影响，多极世界格局尚在形成之中，不结盟的国际生态环境受到了考验；同时，印度则因近年来自身的综合国力的迅速增长，在地区和国际事务中的影响日渐增长，开始了谋求世界政治大国——联合国常任理事国的历程。

三、尼赫鲁建国思想的世界影响

甘地、尼赫鲁等人领导下的印度民族解放运动，终于使印度在1947年8月获得真正独立，赢得民族的新生。印度是英国殖民侵略扩张、称霸世界的前进与主要基地，因此，印度的独立使得英国丧失了作为殖民帝国长期以来赖以用兵、掠夺的跳板

和后方。与此同时，印度的独立也大大促进了全世界殖民体系的瓦解。因此，印度的独立沉重地打击了帝国主义和世界殖民体系，成为二战后被压迫民族解放运动的重大事件。印度是第二次世界大战后亚洲、非洲、拉丁美洲独立最早的国家之一，它的独立极大地推动亚非拉广大地区民族解放运动的发展。

尼赫鲁建国思想是在印度民族自由斗争历程中不断探索，并吸收融合资本主义与社会主义某些要素而形成的，它既符合印度的国情与需要：摆脱了殖民地附属经济，向经济的独立和现代化迈进；同时，也为新生的民族国家在探索其发展道路的征程中树起了楷模：即既不全盘接受社会主义，也不全盘接受资本主义，而是在本国民族传统基础上对二者进行融合，走所谓“第三条道路”或“中间道路”，以政治独立促进民族经济发展，以经济发展巩固国家政治独立。

尼赫鲁不结盟思想指导下的外交政策在印度建国初期得到了发展。不结盟不仅是不参加任何一个集团，和所有国家发展外交关系，而且是以反对战争和殖民主义、保卫民族独立和世界和平为其内涵。不结盟思想以富有生气的印度外交活动而活跃在国际政治舞台，在国际上树立了尼赫鲁和印度的良好形象，赢得了进步力量的称赞。

尼赫鲁的不结盟外交思想和政策为世界的不结盟运动奠定了思想基础。1961 年，在前南斯拉夫首都贝尔格莱德召开了第一次不结盟国家首脑会议，有 25 个国家参加。从此，不结盟运动正式诞生，运动的纲领主要就是以尼赫鲁的不结盟思想为基础的。从此，广大发展中国家作为一支独立的政治力量登上了国际舞台，在国际政治中发挥越来越重大的作用。

尼赫鲁的不结盟思想和政策对促进世界和平作出了积极贡献。在第二次世界大战后的两极格局的世界里，搞集团政治或加入军事集团只能加剧国际紧张局势，于世界和平不利。尼赫鲁积极奉行不结盟政策，这一行为本身就为国际紧张局势的缓和和世界局势的稳定作出了贡献。

此外，尼赫鲁不辞辛劳、调解冲突，促成朝鲜战争和印度支那战争停火并恢复和平，直接调解苏美之间的纠纷，为消除争端，实现世界和平付出了巨大努力。与周恩来一起倡导和平共处五项原则，对国际政治产生了深远影响，它不仅早已为世界许多国家所接受，成为处理各国相互关系的基本准则，而且也是今天建立国际政治新秩序和国际经济新秩序的基本指导原则。尼赫鲁还为团结亚非各国人民，反对殖民主义、维护世界和平而发起召开亚非万隆会议，将有关和平共处的精神，通过与中国等国家的合作将其具体化。

结 语

尼赫鲁建国思想的来源和发展历程，一方面是印度民主政治发展的一部分，另一方面也再现了新印度诞生的过程。印度独立后，在尼赫鲁建国思想的指导下，进行了大规模的政治、经济和社会等诸多领域的体制、制度的构建，奠定了现代印度国家体制、制度的基础，开启了印度加速现代化征程的阀门。

作为印度民族解放运动的领导人之一，尼赫鲁在留学期间接受了西方自由民主思想。当时流行的一些思想流派，诸如费边社会主义、自由主义、马克思主义等对他都有影响，与后来的甘地主义等都或多或少影响着他的建国思想。尼赫鲁回到印度参加民族解放运动和反英斗争实践后，甘地的非暴力不合作思想和对农民运动的组织和重视，以及他本人在印度农村的亲身经历，他的欧洲、苏俄的游历，英国殖民者的宪政改革，对尼赫鲁的建国思想无疑也产生了重大的影响。宪政改革时期印度国大党的执政是国家建设的实习和探索阶段，也是尼赫鲁建国思想的部分实施和检验。随着印度民族解放运动的发展，促使了尼赫鲁对未来国家建设进行思考，尤其是关于社会主义以及计划经济、土地改革等内容，表明尼赫鲁建国思想的初步形成，这些都是他对印度发展道路的努力和探索。

1947 年 8 月，以尼赫鲁为首的联合政府领导着印度自治领，实现了新印度的开始。印度独立之初，恰值以美国为代表的资本主义阵营和以苏联为首的社会主义阵营形成时期。作为亚洲的由殖民地独立的第一个国家——印度，面临着复杂的国际局势。与此同时，20 世纪五六十年代的亚洲、非洲产生了很多新独立国家，也面临着同样的外交抉择的困境。印度的国内形势也决定了它必须采取独立自主的和平外交政策，谋求一个和平稳定发展的外部环境。独立时印度的国内形势为：工、农业基础十分薄弱。作为农业大国，印度从事农业的人口超过百分之八十，但所生产的粮食和发展工业所需的原料等均不能满足，不得不大量进口粮食。工业发展情况表现为，尽管有一定的工业基础，但主要是轻纺工业，重工业基础薄弱，不成体系。印巴分治导致了上千万人口的移动，阻止教派冲突和仇杀，分散了政府的大量精力。进行经济建设，构建完备的国民经济体系，即农业要进行土改，工业要实现生产装备的装备（即重工业），国民经济要平稳运行等，摆在了尼赫鲁等人的面前。在印度制宪会议上，尼赫鲁亲自为宪法的制定拟定了《目标决议》案，这也是印度宪法制定的指导思想。1950 年 1 月 26 日，印度第一部宪法生效。这部宪法确立了印度采取联邦制、议会民主制等政体，以及行政权、立法权、司法权三权分立的运行制衡机制，并就制度运行、人民自由权利的保障等做出了规定，宪法是印度人民为国家独立、民族解放斗争的结晶。根据宪法规定，1951 至 1952 年印度进行了大选，选举产生了尼赫鲁国大党政府，印度也完成了国家整合。至此实现了政治体制的统一和完整意义上的独立，实现了民族解放的政治目标。至于尼赫鲁建国思想——民主主义、社会主义、世俗主义和不结盟则是尼赫鲁构建印度政治、经济、社会生活和外交等具体实践的指导思想。民主主义是印度建国的主要基石之一，并通过《印度宪法》的制定、实施得到巩固和强化。独立之初，印度民主制度的构想、运行和发展，大都体现了尼赫鲁的思想。尼赫鲁在 20 世纪 30 年代就已经形成了社会主义思想，那就是强调社会公平公正、经济平等，通过强调公营经济、计划经济、土地改革等具体内容实现其主张。1954 年以后，则提出了在印度建设“社会主义类型社会”，将前述主张贯彻到经济、社会变革之中。世俗主义是要在印度这个百分之九十九以上的人口信奉宗教的国度里实现信仰自由、宗教平等、男女平等的非歧视宗教主张，把信仰宗教看作是个人的事情，国家不予干预。三大主义涵盖了印度内政的政治、经济、社会等领域，为实现政治民主、经济平等、信仰自由提供了理论指导。不结盟思想是尼赫鲁制定印度外交政策的指导思想，实际上也是尼赫鲁国内政策在外交领域的延伸和表现，即“中间道路”。不结盟的外交政策为尼赫鲁和印度在国际政治舞台上提供了极大的外交选择空间。尼赫鲁的这四大思想相互贯通、相互支持，代表着独立后印度政治、经济和社会发展的根本走向。

印度实行联邦制、议会民主制的政治体制以及政党制度，是基于已有实践经验和慎重选择后确定的。印度宪法规定，印度实行联邦制、议会民主制的政治体制以及政党制度。联邦制是在殖民时期宪政改革中开始实施。印度独立后，根据宪法规定，印度实行了联邦制，中央政府和地方政府按照宪法第七附表的第 1 表《联邦职权表》、第 2 表《各邦职权表》、第 3 表《联邦与各邦兼有之职权表》所确立的权利范围各自履行职责。印度所实行的联邦制具有强中央干预制特征，之所以如此，是因为印度长期处于分裂割据，土邦王公遍布全境，教派冲突、民族离心倾向等问题时时地威胁着国家的整合努力。议会民主制是印度宪法确立的政治体制之一，宪政改革时期的经验积累提供了基础，而印度国家情况复杂，各种政治势力此消彼长，要求有一个既能吸纳其力量又能发挥其能量，这就是议会民主制的所长。印度议会在中央分联邦院和人民院，各邦和直辖区也都有各自的议会。议会按照立法、司法、行政三权分立各司其职。文官制度是议会民主制的平稳运行所需要的基本制度，印度独立后，尼赫鲁政府又对其加以改造，使之服务于政党竞争的议会民主制。议会民主制的运行需要有对应的政党制度，印度的政党制度就是按照尼赫鲁确定的宪政精神，即建立一个体现民主精神、反对一党制模式，提倡民主和多党间的竞争制度。尼赫鲁时期，印度政坛基本上是国大党一党独大、反对党在野，偶尔有反对党在邦一级政权执政的现象。印度政党制度有这些特点：政党活动时间早，政党数量多，政党构成极不稳定等。印度的多党制，实际上就是以国大党为中心的多党制。

尼赫鲁建国思想在具体领域里的实践，表现为如下几个方面：

一、中央和地方的权力分配

主要是立法权、行政权、财政权等的划分。中央和地方权力的划分，在尼赫鲁时期运行大致顺畅。主要突出的问题是，强中央的联邦制模式会导致中央对地方权力的侵夺。比较突出的事件如语言邦问题、克什米尔问题等，表现出来了印度的联邦制具有单一制或中央集权制更多的相似之处。

二、经济思想的实践

独立前，尼赫鲁为代表的国大党内社会主义派就主张工业化、计划经济、国有化等，并在20世纪40年代达成了基本共识。独立后，尼赫鲁及其政府贯彻了国有化、混合经济体制、计划经济、工业化、土改与合作化等措施，对小型工业实施保护，力图通过在经济领域里的举措，实现公平公正、经济平等的目标。土改取得部分成效，废除了柴明达尔制。合作化运动相对而言，几乎没有实现它在农村中的预想效果，因而成效最小。国有化主要成效体现在建立了许多新型的大型工业企业，为实现工业化奠定了基础。国有化的进展加上1948年和1956年两个《工业政策决议》，最终完善了印度混合经济模式。计划经济则是尼赫鲁在印度实现工业化的关键环节，通过“二五”、“三五”计划，尼赫鲁实现了建立独立自主体系完备的印度现代经济，为印度进一步实现现代化打下了坚实的基础。

三、民族与世俗主义思想的实践

一般认为，在印度诸多民族中，主要民族有印度斯坦族（兴都斯坦族）、泰卢固族、马拉地族、泰米尔族、孟加拉族、古吉拉特族等，这些民族约占印度总人口的82%。印度某些部族可能是次大陆最古老的居民群体，印度宪法将之称为“表列部族”。因民族众多、部族分散等因素，印度又是一个多语言国家，而且没有一种语言为大多数居民所使用。印度民族问题以要求重划语言邦的形式出现。

然而由于印巴分治带来的创痛，尼赫鲁等领导人担心实行语言邦的划分会导致地区间的领土争夺和地区分裂主义因素的增长，不利于维护全印的团结和统一。然而，国大党领导人的这种忧虑，地方领导人并不认同，造成地方与中央的对立。终于，尼赫鲁政府让步同意建立安得拉邦，其他地区纷纷援例而行。1956年人民院通过了邦改组法，大致解决了语言邦问题。尽管有些问题在20世纪50年代中后期还未能解决，但这次牵涉面很广的邦改组在全国大部分地区把建立语言邦的原则变成了现实。

全国官方语言问题是另一个有争议的突出问题。1955年，专门的官方语言委员会就官方语言问题听取各方面的意见。当委员会的报告公布后，南印泰米尔语系各邦反应强烈。面临严峻的形势，尼赫鲁一再强调政府会稳妥慎重对待这个问题。议会的专门委员会提议1965年后印地语应成为主要官方语言，英语作为辅助官方语言继续使用。1963年5月，议会通过了《官方语言法》，在1965年1月26日印地语成为官方语言后，英语继续作为联邦和议会的官方语言使用。《官方语言法》的通过暂时平息了南方各邦的不满声浪。

综上所述，以语言为基础建立行政单位，是印度民族民主政治的一个内容，也是实行民主政治的一个条件。语言邦的建立是印度解决民族纠纷的一个独创，它在某种程度上缓和了民族与民族之间、邦与邦之间、地方与中央之间的紧张关系，然而有些遗留问题尚待解决。

印度独立后，在恢复和发展经济的同时，政府大力推行世俗化政策，坚持宗教平等，通过立法革除印度教内的种姓压迫和对妇女的压迫。同时，印度政府积极推行世俗主义路线，把教育当作实施世俗化、现代化战略的重要组成部分。

印度宪法庄严地宣布了法律面前人人平等的原则，废除不可接触制，禁止任何形式的歧视。印度政府不断采取立法措施，对不可接触制度的复活严加防范。

“保留制度”保证了低级种姓和表列种姓能平等参与和享受中央及地方各级的立法以及行政管理的政治权利。印度政府奉行世俗主义政策，穆斯林等少数教派也享有社会政治生活的各种权利，通过全民普选制，许多人被选入人民院和联邦院。因此20世纪50年代前期，各教派之间的冲突事件较少发生。

印度宪法明文规定，印度公民在法律面前人人平等，不得进行性别歧视。随着印度民主政治建设和经济建设的深入进行，印度妇女政治环境和经济环境都比独立前优越。尼赫鲁认识到，要彻底改变妇女地位，就必须制定个人法，实行法律保障。1954—1956年，议会通过了一系列法案，合起来被称为《印度教个人法法典》。政府还采取了积极措施兴办学校，扩大教育，尤其是鼓励女童入学。印度独立后，尼赫鲁政府采取了一系列举措，有效地抑制了教派主义势力。

印巴分治后的克什米尔邦问题使得尼赫鲁的世俗主义努力显得不是那么有成效，因为，除了宗教因素外，还有其他多种因素的影响。

尼赫鲁的世俗主义思想，不仅是他领导的印度政府，而且也是后来历届政府处理宗教、民族和其他社会问题的指导方针和理论基础。尼赫鲁执政时期，由于大力提倡世俗主义的民主政治，同时在经济、社会等方面进行全面改革，此时印度国内宗教性纠纷最少。

四、军事思想的实践

印度沿用英国的体制实行文官治军，加强文官对军队的控制。印度军队坚持军不问政，不参与国内的政治斗争。文官治军又使印度军队服从政府的绝对领导而不论它是由哪一个政党组成的。

尼赫鲁主导下的印度政府对土邦军队进行统一整编，使其成为印度军队的一部分，完成了军队国家化的整合。

尼赫鲁希望印度有一个和平发展的环境，同时，印度的传统文化也在潜移默化地影响着尼赫鲁，所以，他特别批评了那种以备战来免战的认识。最初尼赫鲁对于军备的态度和指导思想就是不愿意军费占用了本就不多的经济资源（当然，其后因为战争的因素发生了变化，尤其是在“三五”经济计划期间最为明显）。

五、科技和教育思想的实践

在领导印度人民争取自由的民族独立运动中，尼赫鲁深刻认识到，印度之所以受奴役，西方殖民者之所以能建立并维持对印度的统治，印度科技发展的落后就是基本原因之一。

作为印度总理，在其执政期间，尼赫鲁采取了一系列行之有效的政策和措施，亲自倡导、鼓励和推动科学技术的应用与发展，为印度科技事业的腾飞奠定了基础，开拓了道路。他还把实现科学技术的自主视为维护国家政治独立和经济独立的关键。不仅强调重视科技的重要性，而且强调关注科技的发展，革新思想，跟上时代步伐。尼赫鲁主张实行有计划的发展科学技术。1958 年，印度政府颁布了由尼赫鲁提出的“科学政策决议”。该决议的颁布使印度科技发展有章可循，目标明确，成为长期指导印度科技发展的大政方针和基本政策。在三个五年计划中，科技投资不断增长。经过三个五年计划的发展，到尼赫鲁去世时，印度的科技发展已取得了显著的成就。总之，尼赫鲁在其任内采取了一系列行之有效的具体政策和措施，使印度的科学技术发展取得了显著成就。

独立后，政府面临的紧迫任务之一是发展教育，改变殖民统治造成的教育落后和畸形。宪法规定要使教育得到全面而充分的发展，要在 10 年内实现 14 周岁以内学龄儿童的普遍义务教育，等等。这些规定既体现了宪法制定者们对教育的高度关心，也是在教育领域贯彻公民权利平等原则的体现。

尼赫鲁政府成立后，百废待兴，但还是把振兴教育放在非常重要的地位。尼赫鲁执政期间，尽管在整个教育体制上还没有来得及进行根本性的改革，但在量的增长方面成绩是显著的。然而，独立前那种重高等教育轻初等和中等教育的畸形发展没有改变。

六、不结盟为主外交思想的实践

在尼赫鲁不结盟思想指导下，印度坚持反帝反殖反侵略外交，声援印尼等国的民族解放斗争，对英、法等老殖民帝国主义国家入侵埃及的行为予以谴责。为促成朝鲜停火谈判、印度支那停战协定等和平活动，尼赫鲁做了大量工作，努力为维护亚洲和世界的和平与安全作出了贡献。尼赫鲁与周恩来共同倡导了和平共处五项原则，不仅得到中印两国人民的热烈拥护，也得到国际上一切进步势力的赞扬。

在印尼万隆召开的亚非会议期间，尼赫鲁和周恩来在许多问题上积极合作，克服种种困难，促进了会议的成功。大会最后公报提出了处理国际关系的十项准则。

不结盟最初是尼赫鲁倡导的印度外交政策，当这一政策被一批刚刚摆脱殖民统治而赢得独立的国家竞相仿效时，就演化成不结盟运动。

不结盟政策维护了印度的民族利益，使印度从两大敌对集团中都得到了好处，同时又保持了印度行动的独立与自由。不结盟政策的成功推行，促进了印度国内的社会经济建设和政治局势的稳定，巩固了民族独立。1961 年 9 月 1 日，25 个国家在贝尔格莱德举行了第一次不结盟国家首脑会议。不结盟运动正式形成。随着不结盟运动的发展，不结盟组织成为仅次于联合国的国际性政治组织，成为国际舞台上一支不可忽视的力量，在维护世界和平中发挥着越来越重要的作用。虽然尼赫鲁的外交思想和外交政策中有地区霸权主义因素，但是，其主流仍然是捍卫印度独立与强盛，促进世界和平与合作。

尼赫鲁建国思想的发展及其实践对现代印度的发展起了巨大的指导作用，所取得的经验和教训值得总结。尼赫鲁建国思想起源于民族独立运动期间，在印度独立后，指导印度国家建设和社会发展过程中不断发展变化，以1959年为界，此前是大规模的制度、体制构建，此后则主要以完善为主。

尼赫鲁建国思想及其所指导的实践以及所取得的成绩对尼赫鲁及其家族来说，带来了巨大的声望，使印度政治上出现了尼赫鲁家族政治现象，即强人政治。作为亚非较早独立的国家，印度所采取的政治模式和经济模式，尤其是不结盟外交为后独立的很多亚非国家所仿效。尼赫鲁所倡导的不结盟运动对当代国际外交产生了巨大的影响，为在美苏两大阵营之间徘徊的亚非拉国家提供了一个阐述自己主张、不唯美苏鼻息所仰的独立自主的外交提供了一个现实的选择。尼赫鲁因其建国思想指导印度内政外交的各个领域的实践并取得巨大成就，赢得了印度国内包括反对派在内的尊重，在国际上也享有崇高的声望（既包括东方，也包括西方），这是大多数二战后独立的国家领导人所不曾向往能够拥有过的声誉。

通过尼赫鲁之后四十余年的政坛风云变幻，尼赫鲁所在的国大党和尼赫鲁家族的沉浮变迁，现在应该可以更公正清晰地来看待评说尼赫鲁建国思想了。显然，尼赫鲁建国思想对印度立国和现代化建设作出了不可磨灭的贡献，它是今日印度谋求联合国常任理事国席位，做“有声有色大国”的渊源和根基，但也遗留了不少问题。作为立国奠基人尼赫鲁的建国理念，其中得以实现，实现程度如何或未能实行的，对后继者均有着莫大影响。因为只有对尼赫鲁方针政策的承继和变革，才能实现印度发展的目标，是这些后来为政者必须面对的客观现实，也是印度继续前行的物质基础和精神支持。

附 录

尼赫鲁简历

贾瓦哈拉尔·尼赫鲁（Jawahalal Nehru，1889. 11. 14—1964. 5. 27），印度民族解放运动领袖之一，首任印度总理。1889 年 11 月 14 日，他出生于今北方邦阿拉哈巴德市的一个婆罗门种姓贵族家庭，从小生活环境优裕，在英国和爱尔兰籍家庭教师的教育下成长。其先辈曾在莫卧儿王朝任高官，父亲担任过高级律师，是印度国民大会党（国大党）元老。

尼赫鲁 1905 年赴英国留学，开始接受正规的学校教育。首先进入哈罗公学学习，两年后进入剑桥大学三一学院攻读自然科学，获学位后又入伦敦内殿法学会学习，于 1912 年获律师资格。在留学期间，他受到自由主义、人道主义、费边主义、社会主义等多种思想的影响。尼赫鲁留学英国期间接受了西方民主、自由的价值观，看到英国议会民主制度给英国带来了物质文明。同时，尼赫鲁也目睹了资本主义的种种弊端，包括对外侵略扩张的殖民主义的丑恶。

1912 年，尼赫鲁回到印度，从事律师工作，并积极投身于反英斗争。1916 年，尼赫鲁在勒克瑙国大党年会上首遇甘地，从此被甘地视为政治接班人。同年，尼赫鲁在父亲的安排下，与同种姓富商的女儿卡麦拉·考尔完婚，次年，独生女英迪拉诞生。

在印度各阶层人民反抗英国殖民统治、争取民族独立过程中的几次规模巨大的斗争，尼赫鲁积极投身其中，并先后担任国大党全国委员会委员、国大党总书记及主席等职，还写下了《尼赫鲁自传》、《印度的发现》等著作。在领导争取民族独立的斗争中，尼赫鲁曾九次被捕，在殖民者监狱里度过了近十个春秋。在民族独立斗争的艰苦时期，尼赫鲁曾一度戒烟、奉行素食，放弃了优裕的生活，脱掉了西服，穿上象征民族精神的土布制服，甚至将自己家的别墅也让出来供国大党办公使用。在反抗殖民统治、争取民族独立的过程中，尼赫鲁以其独特的品质和顽强的斗志对独立运动作出了杰出贡献。他曾周游了欧洲一些国家，参加了十月革命十周年纪念活动，盛赞苏联取得的建设成就，认为苏联的胜利是历史上“最伟大的试验之一”，认为印度亦应走俄式工业化道路。他还曾到过抗战时期的中国，声援中国人民的抗日事业。

尼赫鲁是国大党的主要领导人和党内左翼领袖之一，在领导民族独立运动的长期实践中，他从印度国情出发，逐渐探索并形成了一套比较系统、并对印度日后社会经济发展战略产生重大而深远影响的有关印度工业化及未来现代化道路的建国思想与理论。经过国大党内不断的讨论、争辩后，他的主张最终被多数人所接受。独立后，尼赫鲁从 1947 年到 1964 年连任印度总理 17 年，直至逝世。他领导的政府实施了一系列体现其建国思想的方针、政策和措施，为印度的国家建设作出了重大贡献。在政治上，废除土邦王公的封建特权，实现全印度的政令和行政区划的统一，确立议会民主制，建立了主权的民主共和国；在经济上，废除柴明达尔制，实行农村建设，实行计划经济、混合经济、工业化等政策，向“社会主义类型的社会”迈进，使印度走上了经济独立的发展道路；在社会生活方面，废除不可接触种姓制，为表列种姓实施保留制度，提高妇女地位，并进行立法等，在一个宗教的国度里实行世俗主义；在外交上，奉行反帝反殖的不结盟为主的外交政策，提高印度国际地位，促进世界和平。这些措施和政策维护了印度的民族独立，奠定了现代印度内政外交基础，并对当代世界产生了深远影响。

在尼赫鲁执政时期，他的建国思想可归结为四个方面：民主主义、社会主义、世俗主义和不结盟，并将这些思想落实到印度建国具体的政治和经济等领域的建设实践。

印度历届政府任期、总理及所属党派

1947. 08. 15 ~ 1964. 05. 27 贾瓦哈拉尔·尼赫鲁（Jawaharlal Nehru）国大党（Indian National Congress）

1964. 05. 27 ~ 1964. 06. 09 古尔扎里·拉尔·南达（Gulzarilal Nanda）国大党代总理

1964. 06. 09 ~ 1966. 01. 11 拉尔·巴哈杜尔·夏斯特里（Lal Bahadur Shastri）国大党

1966. 01. 11 ~ 1966. 01. 24 古尔扎里·拉尔·南达（Gulzarilal Nanda）国大党代总理

1966. 01. 24 ~ 1977. 03. 24 英迪拉·甘地（Indira Gandhi）国大党

1977. 03. 24 ~ 1979. 07. 28 莫拉尔吉·兰奇霍季·德赛（Morarji Desai）人民党（Janata Dal）

1979. 07. 28 ~ 1980. 01. 24 查兰·辛格（Charan Singh）人民党执政 24 天，后为看守内阁

1980. 01. 14 ~ 1984. 10. 31 英迪拉·甘地（Indira Gandhi）国大党

1984. 10. 31 ~ 1989. 12. 02 拉吉夫·甘地（Rajiv Gandhi）国大党

1989. 12. 02 ~ 1990. 11. 10 维什瓦纳特·普拉塔普·辛格（Vishwanath Pratap Singh）人民党

1990. 11. 10 ~ 1991. 06. 21 钱德拉·谢卡尔（Chandra Shekhar Singh）人民党

1991. 06. 21 ~ 1996. 05. 16 纳拉辛哈·拉奥（P. V. Narasimha Rao）国大党

1996. 05. 16 ~ 1996. 06. 01 阿塔尔·比哈里·瓦杰帕伊（Atal Bihari Vajpayee）印度人民党（Bharatiya Janata Party）

1996. 06. 01 ~ 1997. 04. 21 德韦·高达（H. D. Deve Gowda）人民党

1997. 04. 21 ~ 1998. 03. 19 因德尔·库马尔·古杰拉尔（Inder Kumar Gujral）人民党

1998. 03. 19 ~ 2004. 05. 22 阿塔尔·比哈里·瓦杰帕伊（Atal Bihari Vajpayee）印度人民党

2004. 05. 22 ~ 至今 曼莫汉·辛格（Dr. Manmohan Singh）国大党

独立后印度的教育发展部分情况

表1 印度的教育发展（1950 —1951 年至 1970—1971 年）

项目	1950—1951（实际）	1960—1961（实际）	1970—1971（实际）
A 机构（数量）			
1. 小学	209671	330399	408378
2. 初中	13596	49663	90621
3. 高中	7288	17257	36738
4. 高等院校			
(a) 文科，理科和商科	548	1161	2587
(b) 职业	147	381	1107
(c) 大学和相当于大学	28	44	93
B 逐级注册人数（以百为单位）			
1. 小学（1 至 5 年级）	19155（426）	34994（62. 4）	57045（76. 4）
2. 初中（4 年级）	3120（12. 7）	6705（225）	13315（34. 2）
3. 高中/第一学位	1481/ 174	2483/557	7167/1956
支出（单位：千万卢比）			
总额	114	344	1118
计划	20	90	115
计划外	94	254	1003

注：括号内数字为占同范畴人口总数注册率的百分比。

资料来源：(i) 教育部和计划委员会：学校教育和支出。(ii) UGC 报告：高等教育。

（H. S. Verma & Neelima Verma：“Educational Transformation in U. P. ：A Pattern Analysis”，R. T. Tewari & A. Joshi：Development And Change in India，Ashish Publishing House，New Delhi，1988，p. 601）

表2 尼赫鲁时期印度识字率

年	识字率	男	女
1951 *	18.3%	27.2%	8.9%
1961 *	28.3%	40.2%	15.3%
1971 *	34.5%	46.0%	22.0%

资料来源：1991 年印度人口普查，第一集－印度，1991 年第一号文件。

注：*1951、1961、1971 年的识字率是以 5 岁以上年龄人口计算的。1989 和 1991 年是按 7 岁以上年龄人口计算的，括号内是 1981 年 5 岁以上年龄组识字率。

（引自［印度］鲁达尔·达特，K. P. M. 桑达拉姆：《印度经济》（上），雷启淮等译，四川大学出版社 1994 年版，成都，第 109 页。）

参考文献

（一）中文著作

1. 曹小冰：《印度特色的政党和政党政治》，北京：当代世界出版社 2005 年。

2. 曹永胜等：《南亚大象——印度军事战略发展与现状》，北京：解放军出版社 2002 年。

3. 陈峰君主编：《印度社会述论》，北京：中国社会科学出版社 1991 年。

4. 陈继东主编：《当代印度对外关系研究》，成都：巴蜀书社 2005 年。

5. 高鲲、张敏秋主编：《南亚政治经济发展研究》，北京：北京大学出版社 1995 年。

6. 蒋一国，杨会春，于秀清：《印度国防经济研究》，北京：解放军出版社 2002 年。

7. 梁洁筠：《印度的首任总理尼赫鲁》，北京：商务印书馆 1986 年。

8. 林承节主编：《印度现代化的发展道路》，北京：北京大学出版社 2001 年。

9. 林承节：《印度独立后的政治经济社会发展史》，北京：昆仑出版社 2003 年。

10. 林承节：《独立后的印度史》，北京：北京大学出版社 2005 年。

11. 刘建、朱明忠、葛维钧著：《印度文明》，北京：中国社会科学出版社 2004 年。

12. 林良光主编：《印度政治制度研究》，北京：北京大学出版社 1995 年。

13. 李了文等：《印度经济》，北京：人民出版社 1982 年。

14. 马加力：《关注印度——崛起的大国》，天津：天津人民出版社 2002 年。

15. 马嫚：《当代印度外交》，上海：上海世纪出版社集团 2007 年。

16. 邱永辉、欧东明：《印度世俗化研究》，成都：巴蜀书社 2003 年。

17. 任佳：《印度工业化进程中产业结构的演变——印度发展模式初探》，北京：商务印书馆 2007 年。

18. 尚会鹏：《种姓与印度教社会》，北京：北京大学出版社 2001 年。

19. 尚会鹏：《印度文化史》，桂林：广西师范大学出版社 2007 年。

20. 尚劝余：《尼赫鲁研究》，成都：四川人民出版社 1999 年。

21. 尚劝余：《尼赫鲁时代中国和印度的关系（1947—1964）》，北京：中国社会科学出版社 2009 年。

22. 孙培钧、华碧云：《印度国情与综合国力》，北京：中国城市出版社 2001 年。

23. 孙士海：《印度的发展及其对外战略》，北京：中国社会科学出版社 2000 年。

24. 孙士海、葛维钧编：《列国志·印度》，北京：社会科学出版社2003年。

25. 孙士海、江亦丽：《二战后南亚国家对外关系研究》，北京：方志出版社2007年。

26. 孙晓文著：《南亚次大陆的猛虎——印度军队今昔》，哈尔滨：黑龙江人民出版社1997年。

27. 文富德：《印度经济：发展、改革与前景》，成都：巴蜀书社2003年。

28. 文富德：《印度经济全球化研究》，成都：巴蜀书社2008年。

29. 文富德，唐鹏琪：《印度科学技术》，成都：巴蜀书社2004年。

30. 吴华等著：《南亚之狮——印度》，北京：时事出版社1997年。

31. 杨翠柏：《印度政治与法律》，成都：巴蜀书社2004年。

32. 殷永林：《独立以来的印度经济》，昆明：云南大学出版社2001年。

33. 云南社科院编：2002—2003，2005—2006，2006—2007南亚报告，昆明：云南大学出版社。

34. 张敏秋主编：《跨越喜马拉雅障碍——中国寻求了解印度》，重庆：重庆出版社2006年。

35. 张敏秋主编：《中印关系研究（1947—2003）》，北京：北京大学出版社2004年。

36. 张力：《印度总理尼赫鲁》，成都：四川人民出版社1997年。

37. 张双鼓，薛克翘，张敏秋编：《印度科技与教育发展》，北京：人民教育出版社2003年。

38. 张忠祥：《尼赫鲁外交研究》，北京：中国社会科学出版社2002年。

39. 赵干城：《印度：大国地位与大国外交》，上海：上海人民出版社2009年。

40. 赵鸣岐：《印度之路——印度工业化道路探析》，上海：学林出版社2005年。

41. 赵晓春：《尼赫鲁家族》，北京：社会科学文献出版社1996年。

42. 赵晓卓编：《南亚雄狮——印度军事力量透视》，上海：华东师范大学出版社2002年。

43. 郑瑞祥主编：《印度的崛起和中印关系》，北京：当代世界出版社2006年。

44. 朱明忠：《尼赫鲁》，台北：东大图书公司1999年。

45. 左学金，潘光，王斯德主编：《龙象共舞：对中国和印度两个复兴大国的比较研究》，上海：上海社会科学出版社2007年。

（二）中文译著

1.（美）弗朗辛·R·弗兰克尔著，孙培钧等译：《印度独立后政治经济发展史》，北京：中国社会科学出版社1989年。

2.（美）莉拉·芬克，约翰·海斯，黄明译：《尼赫鲁》，台北：鹿桥文化事业公司1992年。

3.（美）斯蒂芬·科亨著，刘满贵等译：《大象与孔雀——解读印度大战略》，北京：新华出版社2002年。

4. （印）鲁达尔·达特，K·P·M·桑达拉姆著，雷启淮等译：《印度经济》（上、下册），成都：四川大学出版社 1994 年。

5. （印）迪帕克·拉尔著，赵红军主译：《印度均衡：公元前 1500—公元 2000 年的印度》（节选和修订版），北京：北京大学出版社 2008 年。

6. （印）贾·尼赫鲁著，齐文译：《印度的发现》（分上下两册），北京：世界知识社 1956 年。

7. （印）贾·尼赫鲁著，张宝芳译：《尼赫鲁自传》，北京：世界知识社 1956 年。

8. （印）印度斯坦时报，郭登皞等译：《印度宪法》，北京：世界知识社 1951 年。

（三）论文

1. 常县宾：《论尼赫鲁时代地区外交中的民族利己主义》，《周口师范学院学报》2008 年第 4 期。

2. 陈峰君、王庆东：《印度选举制度述评》，《当代世界与社会主义》2005 年第 2 期。

3. 陈峰君：《尼赫鲁政治思想介评——纪念尼赫鲁诞辰 100 周年》，《南亚研究季刊》1989 年第 3 期。

4. 陈峰君：《尼赫鲁政治思想评述：尼赫鲁的不结盟主义思想》，《南亚研究季刊》1989 年第 4 期。

5. 陈华山：《论尼赫鲁经济模式》，《广东商学院学报》1997 年第 3 期。

6. 陈翰笙：《尼赫鲁的“印度的发现”》，《读书》1956 年第 6 期。

7. 谌焕义：《论 1937 年省立法会议选举对印度政局发展的影响》，《广西师范大学学报》2003 年第 4 期。

8. 陈继东：《略论尼赫鲁的科技观及对印度科技发展的影响》，《南亚研究季刊》1992 年第 3 期。

9. 程书一、刁忠元：《不结盟——尼赫鲁时代印度的大战略实践及其评析》，《法制与社会》2009 年第 9 期。

10. 董本建：《尼赫鲁社会主义探析》，《南亚研究》1993 年第 3 期。

11. 方华平：《印度现代化过程中的混合经济模式》，《南亚研究季刊》1994 年第 4 期。

12. 甘露华：《尼赫鲁父女统治时期的印美关系》，四川大学 2003 年 5 月硕士论文。

13. 高士：《尼赫鲁的矛盾》，《世界知识》1959 年第 6 期。

14. 亢升、李延长：《印度政治文化发展综述及研究意义》，《世界经济与政治》2003 年第 7 期。

15. 何道隆：《尼赫鲁倡导的“社会主义类型社会”》，《南亚研究季刊》1989 年第 4 期。

16. 胡少华:《试论尼赫鲁的不结盟政策》,《世界历史》1988 年第 4 期。

17. 黄正柏:《试论尼赫鲁时期印度的不结盟外交》,《华中师大学报(人文社科版)》2002 年第 6 期。

18. 黄正多:《尼赫鲁时期印度对南亚邻国外交政策分析》,《南亚研究季刊》2004 年第 1 期。

19. 姜跃:《印度国大党兴衰沉浮的原因》,《中共石家庄市委党校学报》2005 年第 3 期。

20. 金永丽:《略论尼赫鲁的农业政策》,《陕西师范大学学报(哲社版)》2000 年第 1 期。

21. 刘学成:《印度独立以来的政治发展》,《南亚研究》1987 年第 1 辑。

22. 卢正涛:《论印度政治发展道路的特点》,《贵州大学学报》2002 年第 1 期。

23. 马加力:《从政坛变化看印度政治》,《和平与发展》2004 年第 3 期。

24. M·S·拉詹、马子富:《贾瓦哈拉尔·尼赫鲁和不结盟》,《国际政治研究》1983 年第 2 期。

25. 尼赫鲁:《印度的今天和明天》,《世界知识》1959 年第 6 期。

26. 牛贵宏:《一党独大体制的兴衰与印度政党政治的变迁》,《东南亚纵横》2003 年第 6 期。

27. 欧东明:《略论国大党世俗主义国家观念的形成》,《南亚研究季刊》2005 年第 1 期。

28. 邱永辉:《试论印度政治与经济的互动》,《当代亚太》2000 年第 4 期。

29. 尚劝余:《尼赫鲁经济思想及其实践试探》,《西北大学学报(哲学社会科学版)》1995 年第 1 期。

30. 尚劝余:《尼赫鲁思想的主要特征》,《南亚研究季刊》1990 年第 3 期。

31. 尚劝余:《尼赫鲁对印度民族独立运动的贡献》,《南亚研究季刊》1992 年第 3 期。

32. 尚劝余:《略论尼赫鲁思想的基本内容》,《南亚研究》1992 年第 4 期。

33. 尚劝余:《尼赫鲁早期生活探微》,《南亚研究季刊》1993 年第 1 期。

34. 尚劝余:《尼赫鲁思想特征再探》,《南亚研究》1993 年第 3 期。

35. 尚劝余:《尼赫鲁与现代印度(1)》,《南亚研究季刊》1993 年 3 期。

36. 尚劝余:《尼赫鲁与现代印度(2)》,《南亚研究季刊》1994 年 2 期。

37. 尚劝余:《尼赫鲁与甘地在未来社会设想方面的分歧》,《南亚研究》1994 年第 3 期。

38. 尚劝余:《尼赫鲁外交思想略论》,《宝鸡文理学院学报(社会科学版)》1995 年第 3 期。

39. 尚劝余:《尼赫鲁与印度科技》,《湛江师范学院学报(社会科学版)》1995 年第 3 期。

40. 尚劝余:《尼赫鲁与中国》,《南亚研究季刊》1996 年第 4 期。

41. 宋登卯、蒋平：《尼赫鲁对印度农业现代化的贡献》，《企业家天地》2006 年第 2 期。

42. 孙士海：《印度政治五十年》，《当代亚太》2000 年第 11 期。

43. 孙士海：《尼赫鲁外交思想形成探析》，《南亚研究》2006 年第 2 期。

44. 孙益众：《印度议会体系及其在政治结构中的地位》，《南亚研究》1991 年第 2 期。

45. 唐孟生：《巴基斯坦与印度政治制度比较》，《南亚研究》2001 年第 2 期。

46. 陶季邑：《也评尼赫鲁的社会主义思想——与朱明忠先生商榷》，《当代亚太》1998 年第 12 期。

47. 陶季邑：《尼赫鲁和苏加诺的社会主义思想之比较》，《当代亚太》1999 年第 6 期。

48. 陶季邑：《中国社会主义革命和建设对尼赫鲁的影响》，《武汉科技大学学报（社科版）》2000 年 2 期。

49. 陶季邑：《尼赫鲁不结盟思想的历史地位》，《益阳师专学报》2002 年第 2 期。

50. 陶季邑：《尼赫鲁和苏加诺的民主思想比较》，《青海师专学报》2003 年第 2 期。

51. 王琛：《试论 1949—1951 年中国的印度政策与西藏的和平解放》，《当代中国史研究》2002 年第 2 期。

52. 王琛：《论独立之初印度外交政策的来源及目的》，《洛阳师范学院学报》2005 年第 4 期。

53. 王昊：《冷战时期美国对印度援助政策研究（1947—1971）》，华东师范大学 2008 年 5 月博士论文。

54. 王红生：《冲突与调适：独立以来印度的民主政治过程》，《北大史学》第 10 辑，2004 年。

55. 王红雨：《现代印度政治的演变及现状》，《经济与社会发展》2005 年第 2 期。

56. 王宏纬：《1962 年边界战争及其对中印关系的影响》，《南亚研究》2002 年 2 期。

57. 王联：《50 年代中国在尼赫鲁外交中的地位》，《南亚研究》，1994 年 03 期。

58. 王瑞明：《印度经济发展模式的演变》，山西大学 2008 年 6 月硕士论文。

59. 王士录：《尼赫鲁对外政策中的霸权主义因素》，《南亚研究季刊》1987 年第 2 期。

60. 文富德：《略论尼赫鲁的经济思想——纪念尼赫鲁诞辰 100 周年》，《南亚研究季刊》1989 年第 4 期。

61. 文砚：《独立以来印度经济政策的调整》，《南亚研究季刊》1988 年第 3 期。

62. 吴建华、周江涛：《尼赫鲁时期（1947—1965）印美关系中的经济因素》，

《学术探索》2006 年第 4 期。

63. 吴宏阳：《印度独立斗争时期贾·尼赫鲁在国大党中的制衡作用》，《南亚研究季刊》1992 年第 1 期。

64. 吴宏阳：《尼赫鲁与近代印度的发展方向》《许昌师专学报》1996 年第 1 期。

65. 谢代刚、李文贵：《试论印度经济发展模式的演绎进程》，《南亚研究季刊》2005 年第 2 期。

66. 一之：《初评印度的政治实力》，《南亚研究季刊》1999 年第 4 期。

67. 袁传伟：《国大党在 1939—1947 年争取印度独立斗争中的策略》，《南亚研究》1986 年第 2 期。

68. 袁传伟：《印度现代化模式的几点探索》，《社会科学》1997 年第 10 期。

69. 袁传伟：《世俗主义与议会民主制度——印度政治现代化的定位及其演进》，《历史教学问题》1998 年第 3 期。

70. 张海滨：《尼赫鲁民族主义思想初探》，《南亚研究》1992 年第 2 期。

71. 张力：《尼赫鲁的克什米尔政策与印巴关系》，《南亚研究季刊》1996 年第 4 期。

72. 张淑兰、林铭芳：《从大选看独立后印度政党体制的演变》，《当代世界社会主义问题》2004 年第 3 期。

73. 张泽森：《尼赫鲁社会主义的基本实践及其后果》，《社会主义研究》1982 年第 6 期。

74. 张挚：《尼赫鲁：印度之发现》，《世界知识》1946 年第 21 期。

75. 张忠祥：《论尼赫鲁的不结盟外交》，《华东师范大学学报（哲学社会科学版）》2001 年第 4 期。

76. 张忠祥：《尼赫鲁与中印关系》，《探索与争鸣》2001 年 8 期。

77. 张忠祥：《略论尼赫鲁时期的印苏特殊关系》，《浙江师范大学学报（社会科学版）》2002 年第 4 期。

78. 赵鸣歧、袁传伟：《试论印度式的工业化道路——尼赫鲁的工业化战略与拉奥的经济改革评析》，《西北师大学报（社科版）》1996 年第 5 期。

79. 郑瑞祥：《印度政体特色及政局变化》，《现代国际关系》2004 年第 10 期。

80. 周松林、张志祥：《周恩来总理与尼赫鲁》，《文史月刊》2003 年第 2 期。

81. 朱明忠：《尼赫鲁的科学观》，《当代亚太》1997 年第 4 期。

82. 朱明忠：《尼赫鲁的人生哲学》，《当代亚太》1997 年第 6 期。

83. 朱明忠：《尼赫鲁的哲学观》，《南亚研究》1998 年第 1 期。

84. 朱明忠：《尼赫鲁的民主思想及其特点》，《当代亚太》1998 年第 3 期。

85. 朱明忠：《评尼赫鲁的社会主义思想》，《当代亚太》1998 年第 8 期。

86. 朱明忠：《尼赫鲁思想体系的特点与渊源》，《当代亚太》1998 年第 11 期。

（四）英文著作

1. Akhileshwar Singh, Political leadership of Jawaharlal Nehru, New Delhi, Deep and Deep Publications, 1986.

2. Amar Singh Chaturvedi: Indian Politics of the Twentieth Century, Jaipur, R. B. S. A. Publishers, 1989.

3. Amiya Rao, B. G. Rao, Six thousand days : Jawaharlal Nehru, Prime Minister, New Delhi, Sterling Publishers, 1974.

4. Ananda Gopal Mukherjee, Vinod Tagra (ed), Jawaharlal Nehru, the architect of modern India, New Delhi, Reliance Publishing House, 1989.

5. A. R. Desai, India's Path of Development, Bombay, Popular Prakashan, 1984.

6. Arun Bhattacharjee, The maker of modern India (Life and message of Jawaharlal Nehru), Bombay, Himalaya Publishing House, 1992.

7. Ashutosh Varshney (ed), India and the Politics of Developing Countries, New Delhi, Sage Publications, 2004.

8. Attar Chand, Nehru and new economic order, Vol. 2, Vol. 3, New Delhi, H. K. Published and Distributors, 1990.

9. Benjamin Zachariah, Nehru, London, Routledge, 2004.

10. B. K. Joshi (ed), Alternative Development Strategies and The Indian Experience, Bombay, Himalaya Publishing House, 1984.

11. B. R. Nanda, Jawaharlal Nehru : rebel and statesman, Oxford, Oxford University Press, 1995.

12. C. P. Bhambhri, Indian Politics Since Independence, Delhi, Shipra Publications, 1994.

13. C. P. Bhambhri, Politics in India (1947 - 1987), New Delhi, Vikas Publishing House, 1988.

14. C. Steven LaRue, The India Handbook, Chicago, Fitzroy Dearborn Publishers, 1997.

15. D. P. Mishra, The Nehru epoch: from democracy to monocracy, New Delhi, Har - Anand Publications , 2001.

16. Frank Moraes, Jawaharlal Nehru: a biography, New York, The Macmillan Company, 1956.

17. Ghanshyam Shah (ed), Caste and Democratic Politics in India, London, Anthem Press, 2004.

18. Girish Kumar, Local Democracy in India: Interpreting Decentralization, New Delhi, Sage Publications, 2006.

19. Girish Malhotra, Indian Government and Politics, New Delhi, Murari Lal and Sons, 2006.

20. G. Parthasarathi (ed), Jawaharlal Nehru: Letters to Chief Ministers, (1947 - 1964), Vol. 1, Delhi, Oxford University Press, 1985.

21. Hari Hara Das, Indian Political Thought, New Delhi, National Publishing House, 2005.

22. H. L. Agnihotri, Jawaharlal Nehru: his mind and vision, Delhi, Aman Prakashan, 1994.

23. Hukam Chand, History of Modern India, New Delhi, Anmol Publications, 2005.

24. Jagdish P. Sharma, Indian Democracy in the Third World, Delhi, Independent Publishing company, 2006.

25. Jawaharlal Nehru: Glimpses of World History, New Delhi, Oxford University Press, 1983.

26. Jawaharlal Nehru, Independence and after: a collection of speeches (1946 - 1949), New York, The John Day Company, 1950.

27. Jawaharlal Nehru, Jawaharlal Nehru's Speeches (1949 - 1953), New Delhi, Publications Division (Ministry of Information and Broadcasting government of India), 1954.

28. Jawaharlal Nehru, Selected works of Jawaharlal Nehru (vol. 1 to vol. 14), New Delhi, Orient Longman, 1984.

29. Judith M. Brown, Nehru : a political life, London, Yale University Press, 2003.

30. Manoj Sharma, Dynamics of Indian Politics, New Delhi, Anmol Publications, 2004.

31. M. Chalapathi Rau, Jawaharlal Nehru, New Delhi, Publications Division (Ministry of Information and Broadcasting government of India), 1979.

32. Michael Brecher, Nehru : a political biography, London, Oxford University Press, 1959.

33. Milton Israel (ed), Nehru and the twentieth century, Ontario (Canada), University of Toronto, 1991.

34. M. J. Akbar, Nehru: the making of India, London, Viking, 1988.

35. N. Jayapalan, Indian Political Thinkers: Modern Indian Political Thought, New Delhi, Atlantic Publishers and Distributors, 2000.

36. N. L. Madan, Indian Political System, Socio - Economic Dimensions, Delhi, Ajanta Publications, 1989.

37. M. M. Sankhdher, Gurdeep Kaur, Politics in India, New Delhi, Deep and Deep Publications, 2005.

38. Mrigen Bose, Jawaharlal Nehru and his economic policy, Calcutta, Smt. Anita Bose, 1977.

39. M. Shabbir Khan, Jawaharlal Nehru, the founder of modern India, New Delhi,

Ashish Publishing House, 1989.

40. Najma Heptulla, Indo – West Asian relations: the Nehru era, New Delhi, Allied Publishers Limited, 1991.

41. N. G. Rajurkar, Shri Narhar Kurundkar, Jawaharlal Nehru: the thinker and the statesman, Delhi, Manthan Publications (Rohtak), 1985.

42. N. L. Madan, Nehru: a multi – dimensional personality, Delhi, Ajanta Publications, 1990.

43. Norman D. Palmer, The Indian Political System, Boston, Houghton Mifflin Company, 1961.

44. N. S. Gehlot, Elections and Electoral Administration in India, New Delhi, Deep and Deep Publications, 1992.

45. Padma Charan Dhal, Indian Polity: Structure and Process, Jaipur, Aavishkar Publishers, 2004.

46. Partha Chatterjee (ed), State and Politics in India, New Delhi, Oxford University Press, 2007.

47. Paul R. Brass, The politics of India since Independence, Cambridge, Cambridge University Press, 2004.

48. P. B. Rathod, Indian Constitution, Government and Political System, New Delhi, Commonwealth, 2004.

49. Prakash Bajpai, Indian Politics and the Global Challenge, New Delhi, Anmol Publications, 1994.

50. Rafiq Zakaria (ed), A study of Nehru, Calcutta, Rupa. Co, 1989.

51. Ramesh Kumar, Regionalisation of Politics in India, New Delhi, Mohit Publications, 1996.

52. Ramesh Thakur, The Government and Politics of India, New York, St. Martin' s Press, 1995.

53. Reba Som, Gandhi, Bose, Nehru, and the making of the modern Indian mind, New Delhi, Penguin (Viking), 2004.

54. Robert L. Hardgrave, Stanley. Kochanek, India: Government and Politics in a Developing Nation, Fort Worth, Harcourt Brace College Publishers, 1993.

55. S. A. Palekar, India Polity, Jaipur, ABD Publishers, 2006.

56. Sarvepalli Gopal, Jawaharlal Nehru: a biography (Abridge Edition), New Delhi, Oxford University Press, 1993.

57. Sarvepalli Gopal (ed), Jawaharlal Nehru: An Anthology, Delhi, Oxford University Press, 1980.

58. Shaileja Upmanyu, State in the Indian Political System, Jaipur, Rawat Publications, 1997.

59. Sharada Rath (ed), Jawaharlal Nehru: the nation builder and architect of India's foreign policy, Meerut (India), Anu Books, 1992.

60. Shashi Tharoor, Nehru: the invention of India, New York, Arcade Publishing, 2003.

61. S. K. Dhawan, Jawaharlal Nehru and the world of books: a select study, Delhi, Wave Publications, 1991.

62. S. L. Verma, Federal Authority in The Indian Political System, Jaipur, R·B·S·A·Publishers, 1987.

63. S. R. Bakshi, Nehru and his political ideology, New Delhi, Criterion Publications, 1988.

64. V. T. Patil, Narayana, A study of Nehru's ideas, Delhi, Devika Publications, 1998.

65. Zoya Hasan (ed), Politics and the State in India, New Delhi, Sage Publications, 2000.

66. Zoya Hasan (ed), Parties and Party Politics in India, New Delhi, Oxford University Press, 2004

后 记

在云南大学三年求学的经历即将结束，回顾学习历程，恍惚一瞬间，入学时的忐忑、焦虑之情宛如就在眼前。

三年来，在导师吕昭义教授在本论文的开题、撰写及修改方面，花费大量的时间，本人对此感激在心。吕老师在传道、授业、解惑的同时，也使我感受到导师知识之渊博、治学之严谨。然由于本人资质愚钝，专业基础薄弱，没有很好地领悟导师的教诲。在学业任务繁重等困难面前，我也曾有些懈怠的时候，后仍能咬牙坚持，这跟吕昭义教授给予我适时的鼓舞与督促密不可分。今后本人将继续学习、继续领悟，仍要时时地报告自己的学习心得体会。

在三年的学习过程中，何平教授在专业课讲授期间及日常的学业疑惑的解答中均给予了关照，谨以致谢！何跃教授作为本人攻读硕士学位期间的班主任，一如既往地给予了关心和支持，谨致感谢！王崇理研究员、赵伯乐教授、许洁明教授、朱振明研究员均在本论文开题、答辩等不同的阶段给予了本人关心和帮助，在此表示诚挚的谢意！

田晓忠博士在本文写作的过程中也给予了很好的建议；黎志刚博士在本人日常学习以及本文的写作过程中给予了无私的帮助；洪共福博士、余芳琼博士也一直关心本人的论文写作进展，不时给予建议和意见；林延明博士在本人开题和答辩时给予了帮助；许红艳博士、王蓓蓓博士、王振刚博士、苏月秋博士均热心地给予了帮助，在此一并表示衷心的感谢！

本人所在单位红河学院人文学院现任和往届领导以及历史系领导、同事均提供了工作、学习上的帮助；与此同时，红河学院的有关领导和部门的关心、帮助，对本人完成学业、实现本书的出版帮助很大，在此一并致以感谢！当然，还要非常感谢已经在昆明工作却仍然一直关心、帮助着我的白云教授、刘永刚博士等人！

记得 2000 年进入云南师大学习时，我选择杨德华教授为自己的硕士研究生导师，杨老师在接纳我的同时，要我保证今后一定努力、继续深造。现在，我可以告慰九泉之下的杨德华老师：学生正努力着！

当然，我也深深知道，学业的结束只是进入研究领域的一个阶段，今后尚需对尼赫鲁建国思想等诸多问题做进一步的拓展研究，也希望得到关心、帮助和支持我的良师益友们一如既往的关照。

再次感谢导师，感谢关心、帮助我的老师、同学和朋友们，祝大家工作、学习、生活如意顺心！

图书在版编目（CIP）数据

尼赫鲁建国思想研究 / 杨永平著. —昆明：云南人民出版社，2011.6

ISBN 978-7-222-07998-4

Ⅰ. ①尼… Ⅱ. ①杨… Ⅲ. ①尼赫鲁，P.J.（1889~1964）—国家建设—思想评论 Ⅳ. ①D093.51

中国版本图书馆CIP数据核字（2011）第096478号

丛书策划：赵文红　张军云
责任编辑：陈艳芳
装帧设计：胡元青
责任印制：段金华

书　名：尼赫鲁建国思想研究
作　者：杨永平　著
出　版：云南出版集团公司　云南人民出版社
发　行：云南人民出版社
社　址：昆明市环城西路609号
邮　编：650034
网　址：www.ynpph.com.cn
E-mail：rmszbs@public.km.yn.cn
开　本：787mm × 1092mm　1/16
印　张：8.75
字　数：180千字
版　次：2011年6月第1版第1次印刷
印　刷：云南民族印刷厂
书　号：ISBN 978-7-222-07998-4
定　价：29.80元